This Book Offers Free Bonus Puzzles
Available Here:

BestActivityBooks.com/WSBONUS20

5 TIPS TO START!

1) HOW TO SOLVE

The Puzzles are in a Classic Format:

- Words are hidden without breaks (no spaces, dashes, ...)
- Orientation: Forward & Backward, Up & Down or in Diagonal (can be in both directions)
- Words can overlap or cross each other

2) LEVEL UP THE GAME!

A space is provided next to each word to write new ones, translations or notes. We also offer a convenient **NOTEBOOK** at the end of this edition. It can help you organize your annotations, new words and/or observations.

3) TAG YOUR WORDS

Have you tried using a tag system? For example, you could mark the words which have been difficult to find with a cross, the ones you loved with a star, new words with a triangle, rare words with a diamond and so on...

4) EASY TO CUT!

The Puzzles come with an Extra Large margin to easily cut the page out of the book. Some people may feel it more convenient to solve them this way.

5) FINISHED?

Go to the bonus section: **MONSTER CHALLENGE** to find a free game offered at the end of this edition!

Want **more fun** and activities to **relax? It's Fast and Simple!** An entire Game Book Collection **just one click away!**

Find your next challenge at:

BestActivityBooks.com/MyNextWordSearch

Ready, Set... Go!

Did you know there are around 7,000 different languages in the world? Words are precious.

We love languages and have been working hard to make the highest quality books for you. Our ingredients?

One part easy-to-read print, three parts entertainment, then we add some challenging words and a pinch of rare ones. We brew them with care to serve you lots of fun and an opportunity to solve the best puzzles.

Your feedback is essential. You can be an active participant in the success of this book by leaving us a review. Tell us what you liked most in this edition!

Here is a short link which will take you to your Amazon orders review page.

BestBooksActivity.com/Review50

Thanks for your fidelity and enjoy the Game!

Delta Classics Team

Puzzle 1

```
P A R V A C E Z H O C P A V E
A B T D G D A R T I F E X R D
M M H X N U G N T I C E S A
O N L E V S F H A C S B Q U M
R N T I S I M K L A I Y C B N
T S G M S L P E A R E R J I U
O E L Q I F V Y C F Z S K T M
S A M I T P E S I R U A S N Y
M P L P S E E A P R A E S E S
J T I Z O D C K Y F S H J T U
A K I Y H R B J T R T C V E N
P X G H I H I T N I G I V P O
X V L M N U H S U R R U C L S
I D E N T I T A T I S F K V S
```

ARTIFEX
DAMNUM
PRAESES
PARVA
VIGINTI
TYPICAL
MISIT
OSTENDE
HOSTIS
HOC

IDENTITATIS
SONUS
AMOR
CURRUS
SEPTIMA
FRACTI
AURIS
TEMPORIS
PETENTIBUS
DESCRIBERE

Puzzle 2

```
A F T X Q Z M Q N Z E G B L D
V P E E P U S U M I T P O W I
D F B D L U Z J R X Z F H P S
E E H U N J N N J E D U C E C
S R C I X P J U W G V I M Q I
N A M B N F R A G O R R U U P
B R R X G A R C T I C U M U U
O A L O Q U E N D I W Q I S L
U L C A U S A B O N U M L R O
B C I R V I N T E R I O R T E
E E U Q E N E X C I T A T E S
R D I N T E L L I G E N S N N
A C S U C W Y O V H D C P M E
T R F M A T R I M O N I U M C
```

LOQUENDI
INTELLIGENS
BONUM
BACULUM
MATRIMONIUM
IUDEX
CENSEO
EQUUS
MINUS
EXCITATE

VERUM
DISCIPULO
DECLARARE
INTERIOR
ARCTICUM
ERAT
NEQUE
OPTIMUS
FRAGOR
CAUSA

Puzzle 3

```
S C H O O L B A G J I R E P W
F I N G E R E S G R W A C R O
Q U A E R I T U R A E Z O E M
C D I A E M U M E R T X E T N
E E L M F I U E S A I Z N I P
N C A A F T A R Y D O J I U Y
T E E X G A W A A W Q P Q M P
I R A I N T A R O M E M M O C
P N W M W I A I M A X I M U M
E E S U X C T P P R I M U M S
D R W S Q X M S M A L U M U M
E E B J R E F E R R E I D O Q
S H C N S D J R P O S I T I O
P R O H I B E R E U I C X W J
```

POSITIO
PRETIUM
RADIX
FINGERE
PROHIBERE
EXTREMUM
PRIMUM
EXCITATI
DECERNERE
MAXIMUM

MAXIMUS
CENTIPEDE
REFERRE
ALIA
MALUM
QUAERITUR
FERE
COMMEMORAT
SCHOOLBAG
RESPIRARE

Puzzle 4

```
V V P N Q U Q N L U D Q F Y Y
T Z M R D T G H N A R K Z C S
A M A F O T I B U S A O Z X G
N R E H S B X M C K C J E Q T
A V A M K I A Q A C O O H Z P
M O U N B G A V M W N C Z U R
U L Q L E O U E R E C A F O
H A S U N I M O D R S C C N X
N N O I M O B L D R U O D Y I
C S M U D F A C I O D N R T M
G A L L U M Y A U D G A T W U
F I D U C I A A Q N A V I S M
C O N T R I T U M I C T U M H
P E R S P I C U U M W U N H Z
```

DOMINUS	GALLUM
CONTRITUM	PROXIMUM
QUAE	FIDUCIA
QUID	FAMA
PERSPICUUM	PROBAVERUNT
DOMUM	ARANEI
VOLANS	SUBITO
ICTUM	FACIO
FACERE	DRACONES
HUMANA	NAVIS

Puzzle 5

```
I  C  K  X  K  G  Q  A  E  S  T  E  E  Z  S
P  A  H  O  I  T  A  R  E  N  E  G  H  Z  E
S  P  S  U  T  L  A  N  R  E  E  O  S  T  Q
O  T  O  N  L  N  I  A  U  I  B  Z  P  E  U
R  U  X  N  G  L  P  R  D  C  B  G  J  F  I
U  R  P  I  E  A  L  E  I  S  E  U  Q  O  C
M  E  S  D  V  H  R  N  S  N  A  G  Q  L  F
U  S  I  E  C  E  H  A  Y  A  W  H  G  I  H
A  U  G  W  E  D  R  U  H  K  R  R  I  A  J
G  X  U  C  T  M  E  B  O  C  C  A  S  U  M
D  Y  Q  T  N  U  D  N  U  F  N  O  C  S  G
T  E  N  U  I  S  N  L  A  M  I  T  L  U  C
G  K  N  Y  H  A  R  G  U  M  E  N  T  U  M
T  E  M  P  O  R  U  M  R  W  X  H  Y  A  J
```

SEQUI	VERBUM
RUDIS	IPSORUM
HIGHWAY	COQUES
ARENA	ASSIGNARE
CONFUNDUNT	TEMPORUM
SCIENS	CAPTURE
FOLIA	ULTIMA
EOS	TENUIS
GENERATIO	ARGUMENTUM
GUIDELINES	OCCASUM

Puzzle 6

```
T C H P M A I R O T S I H Z H
I U W R A A Q U A M H F X D S
B H B O L L G H H U V C M I U
D E T B U J T N C M J Q C U L
O M D A S T O M A S S A M P L
C E E R N K L J K M P S R R A
A R N E I G B P W I A Y F A G
S G S U U E I G K F W W H E Z
U E I Q X G F G W L F N Q S E
O R S S S E R V I T I U M E P
M E S I D E N A R I O S Y R W
I Q I U R E S P O N D I T T C
N W M Q B R A S S I C A M I O
A C A U A W H A A R S S E M G
```

EMERGERE
MAGNAM
QUAM
DENSISSIMA
SERVITIUM
PROBARE
DENARIOS
ARS
GALLUS
ANIMO

MASSAM
PRAESERTIM
INSULAM
RESPONDIT
HISTORIAM
SUO
BRASSICAM
PACIS
QUISQUE
GIGNAT

Puzzle 7

```
F T E X E L P U D B C R S B K
E R X F F P A T N U R E P E C
N A P A X V R X Q V P G A P N
E C E C G H T N B I R A Y E E
S T R I H T E N C A C M L H L
T A I E I C S I T G V U D Y E
R S E S L P T I U K W N D J M
A T N M S R A A Z V Q G Z W E
M I T J A S N E C E R I N K N
I S I P H R X W M U S L A F T
U X A C A S U S O I S U H O U
S R U E G O S O M N U S R C M
D X L X R Y G L U T E N R L L
E X T E N D E R E I D O N E A
```

LIGNUM
DUPLEX
SOMNUS
EXPERIENTIA
FACIES
EGO
RECENS
CEPERUNT
GRATIAS
ACUS

IDONEA
FENESTRAM
ELEMENTUM
GLUTEN
PARTICIPES
FALSUM
EXTENDERE
TRACTASTIS
CASUS
PARTES

Puzzle 8

```
A  O  C  C  U  P  A  T  U  S  A  Z  J  U  K
R  L  T  Q  Z  B  O  L  L  E  B  E  U  L  B
U  Z  I  T  S  U  I  I  N  F  E  C  T  U  M
T  V  G  Q  K  Q  E  U  C  E  N  E  K  E  S
C  R  I  T  U  N  D  S  Z  J  X  O  A  R  P
I  C  T  E  S  A  T  I  L  A  U  Q  N  P  V
P  S  T  Y  V  E  M  I  T  P  O  Y  G  J  S
P  I  A  V  E  U  U  G  H  W  D  J  A  A  H
F  V  D  U  U  V  T  D  E  I  G  E  R  G  E
V  E  C  K  Q  U  C  N  V  Q  U  A  O  S  K
E  R  E  V  I  V  N  J  Z  X  G  O  O  G  Y
A  B  D  V  T  U  U  A  L  T  I  T  U  D  O
O  I  X  L  N  F  P  G  P  Q  J  Q  I  N  T
C  I  N  N  A  M  O  M  U  M  Y  T  L  E  I
```

OCCUPATUS	ANTIQUE
ALTITUDO	PICTURA
PUNCTUM	IUSTI
INFECTUM	LIQUET
OPTIME	KANGAROO
ALIQUAM	BREVIS
ATTIGIT	UTI
VIVERE	ARCU
CINNAMOMUM	EGREGIE
BLUEBELL	QUALITAS

Puzzle 9

```
L Z A F K J S X Z W L Q J C E
H F U T P R O P O S I T I R M
M A T U T I T S E D H K O A U
L A P S U P U J U I P T R E T
G J X N W S C X I M A E J C C
E P X V E A Q G X R P J A O E
N A M W R M E E E O F W P F R
T U M U E O X M U I T O G E N
I L E T T M U D N U M M Q C P
U U N I E N F W V E I A M O Z
M M G S P N E T W O R K J V T
B I I Q E R E T T I M A X D W
D X W B R D E L I B A N D U M
B I B L I O T H E C A M L I G
```

NUMERATORE
OPERAM
IGNEM
DIGITO
BIBLIOTHECA
NETWORK
GENTIUM
MUNDUM
PAULUM
IPSAM

REPETERE
VOCE
NEGOTIUM
AMITTERE
DESTITUTA
DELIBANDUM
LAPSU
RECTUM
PROPOSITI
SITU

Puzzle 10

```
A L O C U S O J B R M M C D V
R L N V L I L B W X E U O E E
E Q I M D B L A V N T T N M L
G U W Q I O Y B O I P I T O P
I A Y Y U V J I C O U S E N C
N D K B B O T I F J H S R S H
A R A P U C Q X G Y B I A T L
N A S W E L D V Y K I T M R A
R J Q F P F C A M L C P U A M
S A R B I L I J U Y L E T N Y
K E C O N A R E T U R C L D D
P K A C C I P E R E M X U U E
S U M P T U S P U L O E M M M
R J V Q K W O W F T N U N E E
```

SITUM
MULTUM
FURTUM
DEMONSTRANDUM
PERFECTIONEM
QUADRA
CHLAMYDEM
EXCEPTIS
ACCIPERE
VEL

FIT
CONTERAM
VOBIS
CONARETUR
ALIQUO
SUMPTUS
LOCUS
OBVIUS
REGINA
LIBRAS

Puzzle 11

```
V Z Y C E A Z T T T S V H B F
M X Y O N N A M U U S U P N E
R Z E E W K N G H S R M M C R
W G R G F T P P A C T U M O R
A O Q I A Q A M A G N U S N E
I A G S I R T A R F W U K T T
N V E M G Q Z E Y S Y A F I Q
U M E A Z B N U N S B C R N N
C G R L S I S Y L A N A A U E
E A J L M E N I G A M I T O C
P L J U N E G L E C T A R S E
H E L N I D E M I Y E R E D S
P O H E L I C O P T E R M G S
V I N T E R D U M U F M P I E
```

NEGLECTA	PECUNIA
COEGI	CONTINUOS
PARAGRAPHUS	FERRET
MAGNUS	ACTUM
VOLUMINE	FRATRIS
IDEM	FRATREM
IMAGINEM	ANNO
HELICOPTER	NECESSE
AGE	ANALYSIS
INTERDUM	NULLAM

Puzzle 12

```
P E J H W S I L L O M H F I N
D Z V A U M X T X S A A O N U
E O W I B L O K H T N U L S T
S N T D E L E X Q C I R L I R
S O C R E B I L Q R H I I G I
P V A R I A B I L I S E C N M
E B A W R V O H E F T N U E E
R R N M I O C B Q O X D L M N
E M U N A P M Y T R R A U U T
V D L M U H W V Q T N M S R U
L R T S P Z U X J A O J P U M
O E Q J N A G V F S V U W M A
S P U G F U N I S S I B C N A
S E N S U S Y T Z E D O N E C
```

SOLVERE   SENSUS
ERUMPANT   FOLLICULUS
LIBER   HAURIENDAM
TOLERARE   OVA
DONEC   NOVI
INSIGNE   NUTRIMENTUM
TYMPANUM   LUNA
VARIABILIS   SINU
POTIUS   MOLLIS
FORTASSE   MURUM

Puzzle 13

```
C O M M U N I T B F G E Z Q S
Y N A A X V N P X O Z N G F L
S U M M A A R U C A G Q G J H
L M N S C O I P L U R I M U M
D R H I J P C C X O W K N U U
P U D S V T E Y W H E Q O N D
U Y P I C I U G J G O U M D O
P U S L N M S H E S B I I E M
I T Y A I I P L Y P J G N C E
L E M U I C I F E N E B E I R
L R L Q A H A J Q L M A Z M U
A R D E D L G T N E R A P P A
M A O A S H O L A D X X S U F
Y A R B Y Y E X E M P L U M X
```

DUPLICATA
DICANT
COMMUNI
UNDECIM
OPTIMI
TERRA
SUMMA
AEQUALIS
BENEFICIUM
ICE

LEGE
NOMINE
APPARENT
QUI
PUPILLAM
CURA
AUREM
PLURIMUM
EXEMPLUM
MODUM

Puzzle 14

```
G U B E R N A T O R V Y X E A
S H H P A R T I C I P A R E L
E H Z D H R Y S W X P D I V I
D U L L I E U C O G A N O I Q
A G G Z O P L S L M U U M R U
T E C T E G O I E C P T I I O
U M K R J L T U A G E O X L D
S X Q V U C X M C N R R T I O
N U F T F G H I R E T L A T I
E X I N A N I V I T D H E E W
K O I N S E R E M U S R U R J
C E L E R I T A T E Q A R S P
I U N G E R E M O D E S T U S
T O O T H B R U S H I I U V K
```

INSEREMUS
VIRILITER
IUNGERE
PAUPER
SUPERQUE
GUBERNATOR
ALIQUOD
CELERITATE
ILLUD
MODESTUS

SEDATUS
HELIANTHUS
ROTUNDA
CAELO
PARTICIPARE
EXINANIVIT
SOLUTIO
ALTERI
MIXTAE
TOOTHBRUSH

Puzzle 15

```
G  Z  D  Z  M  I  N  C  I  P  I  U  N  T  M
Z  Y  G  U  U  F  O  K  O  Z  D  O  L  I  Q
Y  V  T  C  L  I  N  H  S  H  Z  J  Z  N  C
S  R  I  S  I  Y  M  I  U  S  A  Z  M  E  S
O  L  X  K  F  J  E  E  B  C  K  N  J  V  E
X  S  I  H  U  T  S  S  I  I  G  E  R  R  D
M  U  D  E  A  I  D  R  R  S  L  R  S  E  I
A  Y  K  T  C  Y  T  A  O  U  A  E  I  P  T
T  Z  S  J  G  C  F  H  I  T  D  N  N  T  I
C  E  V  A  E  R  C  A  R  I  Y  I  G  G  R
A  L  T  L  L  O  Y  K  E  B  T  U  P  E
R  L  E  C  A  L  O  R  F  E  I  S  L  P  A
H  I  Q  Y  N  Q  I  I  N  T  R  U  A  P  U
C  R  E  S  C  E  R  E  I  J  D  S  M  K  Q
```

ELECTRICA   DIXIT
AESTATE   ORTUM
CRESCERE   INFERIORIBUS
EXITUS   LADYBIRD
SINGULA   CALOR
ILLE   REGIIS
QUAERIT   SUSTINERE
NON   PERVENIT
FILUM   SEDIT
SIC   INCIPIUNT

Puzzle 16

```
W E T L U D E N S L E S I H U
P W E U B T U I D C I R S U F
O P B M X O T N U G A N V E G
R W R I O W V Q C T I G G T H
R G O S M C B U I O L R C U Q
O F S E O Y L M Y T A A A B A
F A B T H X I E X F L T L I H
I M A Y O B F D W L I I C R K
P A R A G R A P H I I A U T D
C O N S P E C T U P Z E L S Z
C O M M O D O T U P H J A I C
D E I N C E P S E E L O T D V
S A T S L M Q H R R E I E V M
I M P E T U S Y Z O H Q K T F
```

IMPETUS
IMITARI
ABSORBET
LINGUA
COMMODO
CONSPECTU
DEINCEPS
PORRO
AGUNT
DISTRIBUTE

GRATIAE
WELCOME
LUDENS
PUTO
CALCULATE
ALII
PARAGRAPH
FLIPPER
HOMO
SIMUL

Puzzle 17

```
A M A L L E U S G K J I A Y I
S I I R A V M A C H I N A I U
C A N X Y A S O D M U L T O D
E F K C L E C T I O N E N T I
N F J R L S P F L C B G U A C
D I K U A U H M J E N N I N I
E C Q N M Q D C G A W I C T U
N I X Z R J C I N T X F I U M
S U O P O Z H M T I O L P M E
Y N U L F U U V A V B Q S F F
K T E V Q L C V I Q L S N J K
Q I H N O A R T L U K H O Q S
Q W C C C O N D I T U S C T Z
S E C T I O N E M P I R Y S V
```

CONDITUS
TANTUM
IUDICIUM
INCLUDIT
LECTIONE
ASCENDENS
VITAE
MILIA
MACHINA
ULTRA

FOVIT
AFFICIUNT
COLUMNA
SECTIONEM
FINGE
MULTO
CONSPICIUNT
FORMALLY
VARIIS
MALLEUS

Puzzle 18

```
E  R  C  E  C  I  D  E  R  I  T  S  U  P  A
R  X  D  E  M  E  N  S  G  X  U  M  C  O  T
E  D  P  I  X  W  Y  O  T  D  L  M  U  T  T
C  U  U  E  N  T  F  R  N  R  O  S  R  E  E
S  B  I  T  R  F  V  U  E  N  W  K  S  N  N
I  D  N  K  I  I  B  G  C  L  M  Z  U  T  T
D  H  L  C  U  A  R  G  I  N  Z  Q  S  I  U
W  L  I  F  T  G  G  I  D  F  A  P  Y  A  M
A  U  T  E  O  H  K  M  E  R  E  L  P  M  I
M  B  A  J  A  A  I  R  A  L  U  C  R  I  C
N  L  H  A  B  E  N  S  R  E  X  V  T  Y  S
R  E  U  S  A  B  L  E  P  M  E  N  T  I  S
C  D  O  M  I  N  E  U  Q  M  U  R  E  L  P
M  A  N  A  T  I  C  U  L  A  J  Z  D  A  A
```

PLERUMQUE

IMPLEREM

ATTENTUM

DOMINE

DEMENS

HABENS

OFFICIUM

REUSABLE

DISCERE

AUT

EXPERIRI

LAETABUNDUS

POTENTIA

CECIDERIT

ROS

CURSUS

PRAEDICENT

CIRCULARI

ANATICULA

MENTIS

Puzzle 19

```
F J H Z V J N A V D H U B W G
I O I D A R C U S B A T N E L
N V R R P I S B R V B D J I Z
E R E I L U M E A E I I I N I
P X L B S I T R A M T R I T R
T N U A R G U O M U U A R E Y
A P S F L V U B I R S L O R H
L Z I I N V E N T I O U P N N
O Y R T Y Z F E R R O C M U I
C I R C U L A R I S P I E M I
N E P W F J N U W Q E T T T H
Y C P S I G N O F T X R A J E
I N G E N T I V X Z Q A P K P
Z O C C A S I O N E M P M I Y
```

FERRO   MULIER
RADIO   PUBLICA
PARTICULARI   RISU
INGENTI   LENTA
PLUMA   HABITUS
CIRCULARIS   FORIS
MARTIS   OCCASIONEM
INEPTA   INVENTIO
TEMPORI   SIGNO
ARGUO   INTERNUM

Puzzle 20

```
B  I  O  L  O  G  Y  S  F  C  H  Q  F  S  S
E  B  M  D  G  X  N  E  J  V  Z  U  N  B  A
Q  U  I  S  L  O  R  E  F  S  N  A  R  T  N
H  S  T  H  O  C  Q  W  R  J  X  M  I  A  G
E  N  P  L  I  T  E  R  U  M  M  V  R  M  U
Q  I  L  L  C  Z  M  C  I  U  W  I  I  E  I
M  A  A  O  E  P  Y  U  N  H  D  S  Z  T  N
B  O  L  Q  R  O  S  I  N  I  F  W  C  V  E
Q  H  I  U  T  Y  M  M  C  E  Y  Z  R  I  M
U  A  O  I  E  R  M  U  D  N  A  M  A  V  E
O  E  R  Y  E  P  L  A  N  E  T  A  R  U  M
D  T  U  T  H  A  I  N  T  E  R  I  T  U  M
O  B  M  W  M  E  P  I  C  N  I  R  P  M  L
S  P  Y  F  Q  U  A  E  S  T  I  O  D  J  H
```

INTERITUM	BALLOONS
LOQUI	TRANSFERO
QUIS	RIDICULAM
QUOD	AMET
TERMINUM	CERTE
QUAMVIS	FINIS
ALIORUM	AMANDUM
BIOLOGY	PRINCIPEM
PLANETARUM	SANGUINEM
ITERUM	QUAESTIO

Puzzle 21

```
Q A D N U C E S F O R M I D O
S I L U C A I D V T Q X O M D
O A X E G T U B U U S T V I H
C K J J G P S Z F G L D O L G
D I M I T T I S T G K G G L E
I L L U S T R E N T U R A E E
D I S C I P L I N A M V M T F
O V B S U L U C L A C N I X E
A P R K Y T E S U R E M U N Q
C J P K X K Q Q U H I L J J N
U U K I W K M R U R S U S U E
T X V O D U V A L E N T I N E
A X Z N N U C A V I T A T E M
X T U E T Z M A R G U I T U R
```

ILLUSTRENTUR   DISCIPLINA
RURSUS   NUMERUS
NUMQUAM   MOX
IACULIS   VULGATE
DIMITTIS   ACUTA
MILLE   IMAGO
CAVITATEM   OPPIDUM
ARGUITUR   VALENTINE
SECUNDA   CALCULUS
EIUS   FORMIDO

Puzzle 22

```
P O N D U S A A M S M W D S H
P R W T B L N N A T H U P N Y
E E N M O X I I H E M E R W K
D F T H I F T M Y L Y C B A C
Z F C I I E S O U L Y C Y C P
E S Z X T R E S K A U U T T Q
A T O M I I F F A C I L E I U
C S I E K N O A X U S X R V A
O S D R X E P H G E L U E A E
N P U A M V R A M Y L X C E R
G U A L Z R I Z F P I P U K E
R O G I J E M Y D N H M D P R
U I N H X P A A U Q I L E R E
O F P E R M I S E R I T D B D
```

PARUM   PERVENIRE
ANIMOS   RELIQUA
QUAERERE   GAUDIO
FESTINA   FACILE
CONGRUO   HILAREM
STELLA   SCHOLA
PETITIO   DEDUCERET
ATOMI   PRIMA
GELU   PONDUS
PERMISERIT   ACTIVAE

Puzzle 23

```
C H A C I S S A R B N B J S V
Q O E S H E W D D N E T C O N
U N N M W C U W Y Z U E U V P
A O I F F R F N T R Q V M C E
D T L N E T E I U Q S M U O R
R I N S O R E M S Y E E T N F
A T E A A W R S R E T T I C I
T I L I R V G E U K N N S I C
U A O R B I L J C V E O O P E
M M Q T C W B T Y I L M P E R
N H I A M R W U S I L N P R E
I Z Q P J I K P S P E I O E Z
H O M I N E M A Y X P T A G U
T Z O U M U I C I F I D E A I
```

AEDIFICIUM
CURSU
OPPOSITUM
NOCTE
HOMINEM
LIBRO
PELLENTESQUE
PERFICERE
LINEA
NOTITIAM

QUADRATUM
NARIBUS
QUIETE
CONCIPERE
SOLIS
PATRIA
CAPUT
MONTEM
BRASSICA
CONFERRE

Puzzle 24

```
L S A T E I R P O R P T A C Q
J W D Z R Z R W B G Y M A O U
L K H X R F E T Z G H A R N A
M A I G O L O I B C R E G F M
L R I K R C L A V I S R Y U Q
C S L Y E G R R Y P V I M N U
C U L P A M X E O U K R L D A
Q T E L O S Z N D S D S S A M
U C B V H Z S U U E U I E M T
S E U U C U V M A T H C M U S
G F E R M A I D O C O A P S A
K N B F S J C M S E S D E V E
V O I T X I M P K V C U R O D
Q C P R O D E S T W C A R E J
```

DIAM
SEMPER
VECTES
MOTUS
CLAVIS
MUNERA
CONFUNDAMUS
TALIS
PRODEST
BELLI

BIOLOGIAM
SOLET
QUAMQUAM
PROPRIETAS
ERRORE
AUDACIS
CULPA
MIXTIO
RESPONSUM
CONFECTUS

Puzzle 25

```
B H B E V D A H M A T U R E U
I A O B I N S C M U R R E F C
B B P G D M I T E T U E R I O
L I I S E C G A L T H B V K J
I T E C I L N B O N A T R O P
O U C Y R Y I B S T T B L R I
T M U V M K F U V A H O U C T
H P R E P V I J B L H B S L N
E P R N A G C L T I S I R I A
C N E E C L A L E M V Z B G T
A M R R G C N C J I C U R O I
J J E I B R T U L Q H U D M C
L S T S C I Y B Y K N S G J X
G A G H V G O H D I T G S Y E
```

MATURE   HABITUM
LICET   FERRUM
ACETABULA   SIGNIFICANT
TALI   LEGO
VIDE   SOLEM
TUERI   CURO
OBLIVISCI   BIBLIOTHECA
VENERIS   BATCH
EXCITANT   RISIT
PORTA   CURRERE

Puzzle 26

```
C A P I A T I O O S P Y M I H
Y V M K U V J N I T D R A N S
M I V O Q V W M C H U L G D P
Q I D R A X J W Q I R P N I R
C O N G R E S S U S D A U C I
O I J E O I S D O V P U M I N
M O S M E M I L B U S O N O C
A A I Z T T D Z B R Q Y H T I
T H Y U A C O L L E G I U M P
Q B M Q F V E R I T A T I S E
C A T E G O R Y T E U I E V O
H K D E A M B U L A T I O G W
S I B I H E D G E H O G R S H
C O R R U I T R R G K E P V R
```

VERITATIS
COLLEGIUM
DEAMBULATIO
MAGNUM
PRINCIPE
CAPIAT
INCIDUNT
ENIM
ERGO
MOS

CONGRESSUS
INDICIO
CATEGORY
VIM
FATEOR
AQUA
SIBI
CORRUIT
HEDGEHOG
SUBLIMEM

Puzzle 27

```
C U T I S Z L O C A T E M Z O
P Q I A U D I V I T H L O L E
A S U S N O W F L A K E N Q X
T Z S I G L O C U T U S I I P
E H O S C P U L C H R A T N L
R G P C M Q U Y A J E L U F O
M E U H B P U N R R T A M E R
U N J E Y O L A E X M M X R A
E T S D J K N N M C T I F I R
T E C U D T O L U H L N D O E
T M F L K P R H R I X A K R T
L P I E P F U X T N W M C G S
N E T A M J D D I U Q I L A U
K N M P H A Y L N U G M R Q S
```

CUTIS
EXPLORARET
PATER
APPONERE
QUICQUAM
SCHEDULE
ALIQUID
LAMINAM
SNOWFLAKE
GENTEM

PULCHRA
NET
LOCATE
POSUIT
CALCE
INFERIOR
LOCUTUS
NITRUM
MONITUM
AUDIVIT

Puzzle 28

```
O B B O S G T V S O V L D P M
I S S T T E D S D V A B O R U
N I T W D I R U S I B W L O D
S D B E R O T I L R M X O C N
T I I D N I S L E M M D R U E
R R S E G D U A S X A Y E L D
U I G N M M E R O I R A L C N
M V O X N F P R U M R X V M O
E L Z A M T O C E R E C O D P
N D D P G E L L I P T I C I S
T R D P E L C O L L I D E O E
U S P I N A C H H S O A S U R
M U N I V E R S A V M Q C O R
N N F D T E M P E S T A T E A
```

LONGITUDO   BIS
SPINACH   COLLIDE
TEMPESTATE   ALIUS
DOLORE   UNIVERSA
INSTRUMENTUM   VIR
OSTENDERE   LITORE
TERRAM   RESPONDENDUM
SERIE   DOCERE
ELLIPTICIS   PROCUL
CLARIOREM   VIRIDIS

Puzzle 29

```
D I S C I P U L U S A P C L R
L S L T L M U R U T U F A C C
U I I A M E T L N S I S R M D
N N T S I R O I A M S C G M E
I O Z T A Z G E G N U U E U T
U I A G E I L R K J P H R I E
S T Z J R R G A D J E D A R R
G A H T R X A S O U R A V E M
E L B T I A B S Z E R U R T I
M U I P O C S E L E T Q E S N
M B Z K D I F C A I P I S Y A
K I F L I P P E R K Z T N M R
E R E D E C C A J B B N O T E
W T P R A E E S S E T A C B K
```

CONSERVARE
IECIT
MAIORIS
DETERMINARE
TRIGINTA
MYSTERIUM
UNIUS
PRAEESSET
SUPER
ANTIQUA

ACCEDERE
MAII
TELESCOPIUM
CESSARE
DISCIPULUS
TRIBULATIONIS
FUTURUM
FLIPPER
ADHUC
LITTERAS

Puzzle 30

```
A H D A E L P M I I W O S A T
L A L T L O Y P N Q V E I U R
L B Y B I Q T B T O U S G T A
I E G E B V H T A N G N A U D
G X X Z I O O I E D E E M M I
A E O H G L N T N N O C P N T
T A P E I A I D A T B E Q U U
U O C L L T S N M E R R A S M
M Z H U E T S J I J A A Y O R
S O M N O P A V Z G C A R E D
O C U L O S M M E N S I S E S
C O M P O S I T U S G F D G B
P R A E C I N C T O R I U M X
Q F T X A M L U K F T C X X S
```

COMPOSITUS
MANEAT
OCULOS
INTRARE
ALLIGATUM
PYTHONISSAM
TRADITUM
ELIGIBILE
VOLA
PRAECINCTORIUM

AUTUMNUS
MENSIS
DEDIT
SOMNO
MAGIS
HABE
CARBO
IMPLE
RECENSEO
TENUES

Puzzle 31

```
N X R E N O I T A M I T S E A
Z M F C W H O L O R D I N I S
E L L I P S I S L M R E C I F
V E N I E N T E S I X R U G U
C C L D Z A C C R U C E R N G
A A E O X T N E D N E P R O I
E N M H A A U T E M J C I R E
S S E D E D I S S E Z O C A T
N S S D M U S I C I S M U R I
C U C U M E R A R I O M L E S
M O R I B U S P E F B U O L K
F A C U L T A T E M H N A N J
X H S M V L V D E R R I W N R
Y Z M S C N C J O K X S M Y W
```

ORDINIS

DEDISSE

SEMEL

FUGIETIS

MUSICIS

LECTA

SEDENS

ILLI

ELLIPSIS

AESTIMATIONE

IGNORARE

CUCUMERARIO

MORIBUS

CURRICULO

CRUCE

PENDENT

AUTEM

FACULTATEM

VENIENTES

COMMUNIS

Puzzle 32

```
C  S  P  S  W  D  C  S  B  Q  O  R  G  M  M
I  L  U  N  C  N  A  V  I  S  V  T  U  U  A
C  T  T  S  U  U  I  K  U  O  U  E  S  T  T
P  A  C  N  C  K  P  O  T  I  M  B  I  O  E
P  E  I  A  S  I  I  R  P  O  R  P  C  T  R
I  R  E  F  F  O  P  L  K  O  S  L  S  N  T
U  E  A  I  Z  P  P  E  S  L  A  I  O  A  E
V  T  D  E  X  L  F  D  R  C  D  M  N  T  R
E  E  X  M  S  W  J  Y  I  E  V  B  G  A  A
N  A  R  O  U  T  A  U  Q  C  E  L  A  L  N
E  R  D  M  U  R  A  I  T  A  R  G  I  I  I
S  P  P  F  X  B  Z  R  J  H  S  M  C  S  E
D  U  O  D  E  C  I  M  E  E  A  P  Y  L  L
S  Z  K  W  I  L  D  C  A  T  L  R  W  D  O
```

WILDCAT	GRATIARUM
OFFER	AGNOSCIS
IUVENES	EST
ADVERSA	NATALIS
ICTU	DUODECIM
OVUM	QUATUOR
SUSCIPERE	NUNC
PRAETEREA	TOTUM
PROPRIIS	AVIS
MATERTERA	PRAESTARE

Puzzle 33

```
P M R F Z P U P A Y T U I Y C
R I D D S L A I T G B S N P B
O U C I M O N O C E R R T I Y
P S E R M O W A A V G E E N E
R K M E L I C I F F I D N V B
I B Z M F A C T U M H A D O O
E B I I N N O V D Q R H I L D
O W Y T F N D T M I Q B T V A
T R I A N G U L I I S S Z E T
I R E L A T I O N E R T N R U
L B S U P R O C B T O U A E M
U U N A S M U C C A Y X M N R
T C Q P L S U E S E B M Y A T
I N T E L L I G E R E Z Q H D
```

INTELLIGERE   DISTANT
DATUM   DIFFICILE
SERMO   PUPA
ACCUMSAN   RELATIONE
FACTUM   INVOLVERE
MIRUM   VIA
TULIT   CORPUS
ECONOMIC   PROPRIE
PAULATIM   INTENDIT
TRIANGULI   FACTA

Puzzle 34

```
C C D P X C E R T A O M N I A
O A R E I A R V P T E N U I T
L U M R W O E V J A N G D M E
O T O M E E S J F W R N P A A
R U M I M U N E L P J A I G X
E S E T K P E Y M T I T T Q X
M K N T E A C B U D N E F U D
I Q T O F Y E E R A R U C M S
Y Z I N S J R U T I C I D V I
G I P O X H B S A P R I O R E
S U N A S C B S E P A R A T A
L G I P C U A W H J T H D D A
E Z S D S I T A T S E A F Y V
K T Y K O V I D I S S E T C F
```

VIDISSET   PLENUM
AESTATIS   PARATUS
CAUTUS   CERTA
RECENSERE   SEPARATA
GUIDO   COLOREM
SANUS   PERMITTO
OMNIA   DICITUR
PRIORE   MOMENTI
THEATRUM   TENUIT
CURARE   SUBSTANTIA

Puzzle 35

```
D  I  S  P  U  T  A  T  I  O  E  S  Y  Y  A
H  U  M  M  W  R  U  T  I  R  I  U  Q  E  R
K  Q  U  M  E  N  O  I  T  C  E  L  E  C
W  E  I  I  U  T  E  E  A  L  A  M  B  R  O
B  S  C  C  L  I  M  S  P  D  T  U  I  E  P
R  N  R  I  E  D  O  F  N  D  L  T  R  D  R
O  O  U  R  A  U  N  U  O  H  U  C  M  N  K
J  C  T  F  C  A  Y  B  H  E  M  E  D  E  J
Q  S  S  I  R  A  N  I  G  A  M  I  Y  H  L
X  A  A  T  E  M  E  O  R  U  M  B  S  E  M
R  J  N  N  Y  F  U  I  T  S  S  O  A  R  E
N  O  B  E  G  R  A  D  U  S  U  Z  P  P  G
C  N  K  D  J  S  U  M  A  E  B  V  X  E  H
Y  E  L  W  J  E  U  F  Z  F  Z  C  W  D  Y
```

OBIECTUM
CONTRA
FUIT
NASTURCIUM
NOMEN
SATIS
EORUM
AUDITE
GRADUS
CONSEQUI

DISPUTATIO
CAELUM
IMAGINARI
DEPREHENDERE
SUB
MULTA
ELECTIONEM
REQUIRITUR
UNDA
DENTIFRICIUM

Puzzle 36

```
C O N F L I C T U F O T U Q P
N A X Z I N I U R I A M M U R
U I N V T S X G S Z V V P A O
D H C J H N X D S T A B U N P
B P G J N A A U U D G H E T I
R A R O E H R R Q M R V R U T
T R C H C U M I T R A P E M I
R G U T C D P M Z N V C U W U
O O D E K R E J E O I L G H S
P E S Y X R T S R M B A R V I
I G P A R G C U E V U U A R T
C T W X R U S T R G S S M S R
A C C K N S E E A J N U V H A
E Q E T I Q U V P E M M M C M
```

MARTIS   GRAVIBUS
CLAUSUM   GEOGRAPHIA
INTRANT   CONFLICTU
PROPITIUS   NEC
TROPICAE   PAR
RARO   ARGUERE
SECURUS   INIURIAM
PARTIM   PARERE
VETUS   JERKED
EVANESCUNT   QUANTUM

Puzzle 37

```
A F T K I Z O E N S F T J M N
S T R R R B R V R D R J R G I
C F T H A E M A G I S T E R M
E P C R N N N W Z O I L L A P
N O H I A Z Q U N G U I T R E
D C T O A N S U R C E S S E R
E I A L F C S J I I S B J H I
R F L C E O U M N L L E S T O
E I I R N N C N I Q L E K N B
H N C E E I I Y O T T I Y A F
A G U A S E L K L A T V T P G
F A I T T C G B M T E E Q A R
Q M T I R T N S U P R A R V S
Z H I T A O A V O N T D X E O
```

IMPERIO
ANGLICUS
MAGNIFICO
ASCENDERE
UNGUI
ILLA
LICUIT
CREAT
SUPRA
AVE

MAGISTER
FENESTRA
ESSE
NOVA
CRUS
TRANQUILLITAS
TRANSMITTERE
ITINERE
PANTHERA
CONIECTO

Puzzle 38

```
V C U S T O D I E T A H K D Z
R O T A L U C L A C Y Q C V O
G E L A L I E N A P U Z L M Y
W G D U T N A C Y E L Q E S T
L A P J N Q Y T A R U T N E V
X H K U N T F N V D I P A R K
P R O F E S S U S I Q E E U Q
G E N E R O S U M D P R T L H
V S U U S T E U O I Q D A P O
L E C T U S T H T T C E T O R
E W R L C J N J O O Y R E D T
R U T A T C E P X E U E J P U
A E C Q Z T D A M G L Q A V S
I M B E C I L L I T A T E S M
```

SUUS
PERDERE
EXPECTATUR
CUSTODIET
DENTES
PROFESSUS
AETATE
VOLUNT
QUOTUS
PLURES

HORTUS
VENTURA
ITEM
LECTUS
CALCULATOR
IMBECILLITATES
CANTU
GENEROSUM
ALIENA
PERDIDIT

Puzzle 39

```
M D I M I N U T I O N I S S N
M U P S M A T E R I A X T P R
O P S I N A N I L T S E T O P
D I N I M A C I L P I T L U M
O A K Z C X R C U R R U C S W
U T A S B U X V Z M A G R I V
V E B J T M M E P L S H G D
O R T H O G R A P H I A M N E
L A N A P K I P A Y H P U I L
A V A C L E H N O I Z Z I F P
B U R H D I S C H S S P T I H
R I I O U S E P X W S K I C I
U D P V E C G N K R R E V A N
M A S I G O R E I T W W T T I
```

CURRU
INANIS
VIRGAM
VITIUM
LABRUM
MODO
POSSET
DELPHINI
MUSICUM
DIMINUTIONIS

SIGNIFICAT
HILARIS
MATERIA
ORE
MULTIPLICAMINI
ADIUVARET
SPIRANT
ORTHOGRAPHIAM
ALIENI
POTEST

Puzzle 40

```
K  G  I  X  A  T  W  I  G  V  A  U  T  A  D
E  E  R  I  N  E  V  N  I  D  I  I  I  S  R
R  D  S  A  M  O  R  E  H  C  R  S  W  G  A
E  Y  Y  I  T  G  Z  V  T  J  T  M  I  D  G
M  I  T  I  S  U  P  R  A  I  S  P  M  O  O
I  Q  P  R  K  H  L  A  C  Q  U  O  S  Q  N
R  U  O  W  F  L  M  O  E  H  D  N  Q  U  F
P  A  X  N  H  U  A  P  R  Z  N  T  Z  A  L
M  R  O  K  M  P  C  C  Y  F  I  E  J  N  Y
I  T  K  I  C  E  N  T  R  U  M  M  E  T  R
I  O  T  P  R  O  M  I  S  S  U  M  V  I  W
S  L  B  T  I  N  D  I  C  A  R  E  K  T  G
U  I  N  S  P  I  C  E  R  E  T  N  A  A  L
O  R  A  T  I  O  D  R  C  T  X  Z  J  S  X
```

INDUSTRIA
TACE
MORE
IMPRIMERE
VISIO
DRAGONFLY
ULTIMUM
PONTEM
MITIS
QUANTITAS

INSPICERE
INDICARE
INVENIRE
TUA
ANTE
CENTRUM
QUARTO
PROMISSUM
GRATULOR
ORATIO

Puzzle 41

```
O E R D C D M U V A L F K C O
B X E P O U U S S E C C U S M
S T P L N H I B R T S C G V S
E R R A S O T S I R U D M U Y
R A E N U E A O F T U M N B X
V B H A U H P O M N A A M Z R
A R E W N R S U G Z M V R G E
B E N Y T I U F L R N W I D C
A H D B A B D W L T C Z M T E
N R O B O I N O M I R T A M D
T E I C Á F E U Q I L I Z B E
E X I G U A R U M M V A C H R
I N T E L L I G E N T E S E E
B R A C H I U M P I S C E S S
```

DURIS   OBSERVABANT
SPATIUM   EXTRA
HERBA   RECEDERE
REPREHENDO   FLAVUM
EXIGUARUM   DUBITAVIT
SUCCESSU   MANUS
INTELLIGENTES   LIQUEFÁCIET
MATRIMONIO   ULTRICES
BRACHIUM   PLANA
CONSUUNT   PISCES

Puzzle 42

```
A L T I T U D I N E M S V I Z
Y A M E N O I T A G E N I N F
A F I F O R T E V N Q S D T M
T M T W U C F W M A P S E E N
K H C C M U O O Y E Y G A R C
J X E G N O L X C G Y I T M H
D R R S Y K N U I N V S U I A
O D E I A X L S O L O V R S R
L H M T Z U E D O M U S H S T
O Q Z U M T R M U R C F M O A
R J C C G U W U V I S X O T G
A P T A O N D E S U I R D E R
R Z P R I V A T A P Y H U L Z
P R A E M I S I T B B H S X N
```

THESAURUS	ACUTIS
LONGE	VIS
INTERMISSO	PRIVATA
PRAEMISIT	APTA
DOLOR	NEGATIONEM
DOMUS	ERECTI
OMNES	SOLO
FORTE	SPECULUM
CHARTA	MODUS
ALTITUDINEM	VIDEATUR

Puzzle 43

```
L B O E O C P N E G U F E E X
R L L Q Y E L X X W H E L D T
A L O C I Q U W I I U R U Y I
T U T A T A V H G O S E U N U
E U F E U L I J O C G T D K L
S P O E L L A M S I V I B I O
T A F D R I S U Q T C L I L V
I R X M Z R T A H A S I T R A
M S I R E N E V N R D B I L S
O W T H E O X T P C U A N E X
N Q G V V M U Q L O O B S R J
I J E A N I R A F M B O U V P
U P O S I T I V E E U R L Q F
M A I R E P A M E D S P A P V
```

AUFERRET
DEMOCRATIC
FUGE
VOLUIT
FARINAE
TATA
APERIAM
INSULA
MALLEO
EXIGO

ARTIS
VENERIS
INDICANT
PLUVIAS
POSITIVE
PROBABILITER
LOCI
TESTIMONIUM
EVENTUS
DUOBUS

Puzzle 44

```
H Z U Z F K J S Z Y G F N X B
P K D I K U H S G L I H I N A
V L S E N I M O H F L G E D S
Q I G Q E T L T E B L K E E
N F H S D O M D W R M V F H B
L F Y G N P U B L I C I E N A
I N X H I W T N O F V B L X L
T D C B U S R E R R O R I A L
N E L U W D E Z Z F M P X D P
T I T E T S S D I C U N T U R
D I G I T I E R E P Z L W A S
M A N E N T D K H P J R K F V
O R T U S S C O L L I G E R E
F A C I E N S I T N E I R O P
```

MANENT   BASEBALL
DIGITI   FIREFLY
TECHNOLOGY   PEDES
HOMINES   FACIENS
DESERTUM   COLLIGERE
STETIT   ORTUS
NIHIL   ERROR
PUBLICI   ORIENTIS
NISI   FELIX
AUDAX   DICUNTUR

Puzzle 45

```
W  K  S  U  M  O  K  U  J  C  S  I  H  M  X
C  V  I  R  T  U  T  I  S  U  A  T  I  U  H
N  O  N  U  D  D  O  P  S  R  L  I  S  T  D
O  E  N  I  D  R  O  S  Q  S  A  T  I  N  U
V  K  Q  V  R  N  E  P  N  S  C  V  R  E  P
U  I  D  D  E  R  K  C  X  C  S  P  E  M  V
M  U  L  U  G  N  A  I  R  T  A  Z  V  G  Q
J  A  C  O  M  U  I  D  E  M  K  S  L  U  Q
Y  U  R  B  Z  Y  E  U  Q  O  U  Q  U  A  U
D  P  S  I  L  A  R  E  N  E  G  H  P  M  I
A  L  I  Q  U  A  N  D  O  T  X  B  I  F  N
E  X  E  R  C  I  T  I  U  M  A  U  D  W  Q
P  R  A  E  C  E  D  O  N  U  P  C  E  A  U
P  R  O  G  R  E  S  S  I  O  E  K  K  A  E
```

SUMO	QUINQUE
ALIQUANDO	ORDINE
AUGMENTUM	PULVERIS
MEDIUM	SCALAS
QUOQUE	CASUM
VIRTUTIS	CONVENIUNT
UNITAS	TRIANGULUM
NOVUM	PROGRESSIO
EXERCITIUM	PRAECEDO
GENERALIS	PROGRESSUS

Puzzle 46

```
U T E M P E R A T U S N J S D
L P H O T O G R A P H C D U Y
T A N G U S T A Y C J F L C Z
R O H S I R A L U C I T R A P
I X T A S E F H S I V T L T E
C I Y N C L S T E L L A E T X
I P P I E R I D E I X E C I E
E T T S D M U S I V D A T S Q
S N M A I N E V S L P R U P U
N A E I J P X R A G Q O L M E
D Q Z G D L E V C Q F H U M N
V E L L E F H X B N K U S N T
F A M I L I A R I S I T V A I
P U B L I C A T I O N J P B S
```

PUBLICATION
ANGUSTA
DAMSELFLY
VISUM
FAMILIARIS
PARTICULARIS
ULTRICIES
VELLE
PSITTACUS
RIDE

PHOTOGRAPH
VENIAM
VALDE
EXEQUENTIS
TEMPERATUS
INCREMENTO
SAT
HORAE
STELLA
LECTULUS

Puzzle 47

```
G R A V I S M E X A M I N E M
H S Z V Q U G L O B U S E V A
J E O R B G Z T D N V R O L A
B H P M A L T E R N A T I V E
S C U R E G I O N E M G T P Q
O L E F O B U L E P E A C A T
P A R U T U F Y E L I O A I I
H A E C F P T R T G Q U L K U
E T M X W A I Y U W O U Q S N
F R U I N T E N D I T Z V Z I
Z E S I N I M O N N Q L N P T
Z P N O T A L L I C I N E P B
M A O M E N S A M U T Z R N O
B A C D I S T R I B U E R E Z
```

DISTRIBUERE
CONSUMERE
PENICILLATO
FUTURA
EXAMINE
MENSAM
REGIONEM
OBTINUIT
APERTA
ACTIO

INTULIT
GLOBUS
NOMINIS
HAEC
GRAVIS
ALTERNATIVE
AVES
PERIT
INTENDI
PLUMBUM

Puzzle 48

```
C  L  I  O  D  R  D  A  T  C  A  R  F  H  C
O  X  X  G  A  C  R  C  U  R  R  E  N  T  R
N  Q  A  Y  X  F  P  R  I  N  C  E  P  S  U
C  X  G  Q  N  H  A  B  I  T  A  V  I  T  S
L  M  O  I  T  S  E  U  Q  Z  X  D  N  J  T
U  U  O  P  U  E  R  C  V  W  Z  F  Y  M  U
S  L  H  V  I  N  V  A  D  E  N  D  A  M  L
I  U  G  P  E  S  U  L  U  C  R  U  S  G  A
O  C  Z  J  U  R  N  Y  D  R  A  C  O  X  M
I  S  G  S  D  S  E  W  K  P  Q  R  Y  S  W
F  O  S  D  I  R  E  C  T  I  O  N  E  M  Y
N  A  D  I  D  U  C  K  L  I  N  G  V  E  I
P  U  T  O  T  I  U  S  E  C  Z  L  Y  T  N
D  I  M  I  T  T  E  N  D  U  M  J  A  O  J
```

SURCULUS	PASSUS
INVADENDAM	ACU
INFRA	DRACO
PRINCEPS	DUCKLING
QUESTIO	PUER
OSCULUM	DIRECTIONEM
CRUSTULAM	HABITAVIT
MOVERE	CONCLUSIO
TOTIUS	FRACTA
DIMITTENDUM	CURRENT

Puzzle 49

```
Q B Q M J S Y B A T L X L C A
S X B A S G X R N T R J L W R
M Z G U F C O N V S U I U C X
U W E G V H V S E N T I E S S
S P O N G I A W Q U A N W E O
P G D A S U T U T I T S B U S
I R U B R O Q Q R R I L G G P
W A T T Q G Z I A X C O S N O
F N I Q S S E L A V X C R I S
H D T O I J I N Q E E O E P T
O I L R G S H V T G U T T A E
P N U S M U I D N E P I T S A
W E M U I L I X U A U U J I B
R E L I N Q U O J P N M J J W
```

RELINQUO
VALE
POSTEA
EXCITATUR
IPSUM
STIPENDIUM
SUBSTITUTUS
GUTTA
AUXILIUM
CENTRALIS

PINGUES
SPONGIA
GRANDINE
MULTITUDO
LOCO
VOX
CUIUS
ARGENTEUM
HORA
SENTIES

Puzzle 50

```
D Y C A S S I G N A T U S M X
V C J O O P M A H S A C C U B
N T X M L B U S U N T N P S H
H M X B D L G H X M P B M I A
L D O L M K E N H R A D C C B
O H T L X N L G A C R I C O E
A D V E R S O E I T C W V R R
O M N I S R S X I I U O S U E
D I R E C T I O N E S S X M E
V G X I O E N T E R A D U A L
N F X D B T A P M U X U L F Q
J F M A Q A C K U R L Y H O B
Z N B L C P U D L E W L Q G Q
E J J O J K R V S C A L A M G
```

COLLEGII
PRAESTO
PATET
ADVERSO
LAUDARE
RAPTA
HABERE
OMNIS
LEGUM
ASSIGNATUS

DIE
FLUXUM
CIRCA
MUSICORUM
DIRECTIONES
LUMEN
SHAMPOO
SCALAM
CANIS
NATUS

Puzzle 51

```
I C E N I U G N A S U C A L O
S I A Q H J F S X U N X Q W F
N A L Y O R D O U L J C U R S
A U A L S S I C L U D E A K S
G M I M E E D E T C R U M Z Q
F E R I A S N J I O T T N P F
G R O S T S V S N J V C R L C
Z E E N S A X O U A N I R A F
M N H E R L H X Y A M D X C Z
H E T S F G E W Q A Y G S U J
T G C G X N Q D R F G D V I X
X R Y J S U B I R U A K Z T I
Z M G G S S A I N E G N I B Q
F R I G I D A M C D O Q P I N
```

PRIMARIA   FERIAS
AQUAM   HONORE
FARINA   DICTU
OCULUS   FRIGIDAM
INGENIA   LACUS
PLACUIT   SENSIM
SENSU   SANGUINE
ORDO   SUNGLASSES
DULCIS   THEORIA
GENERE   AURIBUS

Puzzle 52

```
F  Z  N  F  L  E  R  R  E  F  F  I  D  D  W
F  G  F  U  T  I  B  A  H  Y  R  Z  A  I  T
D  Z  G  Y  C  I  T  A  S  A  P  X  E  S  A
S  S  I  I  C  I  F  I  R  C  A  S  U  P  C
U  E  Q  L  X  V  S  E  L  O  S  U  V  O  T
S  L  C  T  Z  J  P  N  K  I  T  T  A  N  U
R  A  G  U  M  O  M  E  N  D  F  I  S  E  S
E  P  M  F  N  K  M  M  K  U  U  N  I  R  W
T  I  E  G  I  D  N  A  E  T  B  E  P  E  A
A  C  A  C  I  N  I  A  I  S  U  P  O  A  L
H  N  P  U  E  R  I  S  V  L  O  H  W  N  B
T  I  X  L  E  X  H  N  H  V  O  H  K  C  J
V  R  O  R  G  A  N  I  Z  A  T  I  O  N  P
Y  P  M  U  L  T  I  T  U  D  I  N  I  S  U
```

MULTITUDINIS   LEX
PUERI   MEA
TACTUS   SECUNDIS
PENITUS   ORGANIZATION
TERSUS   HABITU
STUDIO   OPERARI
PRINCIPALE   NUCIS
NEMO   DIFFERRE
SACRIFICIIS   DISPONERE
SOLES   UVAS

Puzzle 53

```
A  I  A  R  I  E  R  O  F  M  U  S  I  R  S
W  H  A  C  M  X  A  C  C  I  P  I  E  N  S
W  S  Q  U  P  E  R  I  C  S  Q  L  C  N  I
E  A  C  C  E  R  O  P  A  V  U  I  A  Y  D
M  S  M  Y  R  C  O  M  N  A  A  B  P  E  U
E  U  U  H  I  E  K  U  G  G  R  O  B  M  L
T  T  I  J  U  R  U  T  U  M  T  N  A  T  U
N  N  S  C  M  E  F  I  P  Q  A  A  T  X  P
O  E  M  U  R  P  C  S  N  E  M  N  E  O  S
F  V  B  S  V  E  X  O  R  L  I  L  W  W  L
L  N  B  Z  N  Q  M  P  N  Y  P  D  A  U  U
L  O  U  I  M  C  F  M  X  M  U  I  T  O  M
T  C  F  L  B  H  C  O  O  W  R  I  O  K  Q
Y  P  J  H  K  I  T  C  P  C  H  O  R  M  E
```

COMPOSITUM	EXERCERE
FORE	COMMERCIUM
PUGNA	LUDIS
SCIRE	VAPOR
ACCIPIENS	NOBILIS
CONVENTUS	COMPLEXU
PACE	FONTEM
ROTA	FINE
OTIUM	RISUM
QUARTAM	IMPERIUM

Puzzle 54

```
O  I  T  A  T  I  G  O  C  F  A  L  T  A  P
T  N  S  S  R  U  T  B  U  A  I  P  O  C  S
E  I  D  I  X  M  U  S  L  U  P  E  A  A  B
R  U  F  U  S  Q  T  T  D  L  C  N  R  V  Z
O  O  M  Q  C  R  X  R  C  W  H  I  J  I  Y
G  E  U  T  I  L  E  E  C  F  O  M  T  S  Y
A  R  N  A  H  Z  C  P  Z  Y  V  R  J  A  O
R  E  C  B  S  J  X  E  X  M  X  A  N  B  D
F  T  F  E  B  S  S  R  B  X  P  C  M  V  Z
Z  T  V  Y  E  U  M  E  O  C  C  A  S  I  O
X  I  U  B  P  L  A  T  A  T  C  E  P  X  E
D  M  U  N  G  I  S  U  C  R  A  U  W  X  P
N  N  U  T  C  U  B  R  M  E  M  B  R  U  M
G  R  A  V  I  T  A  T  I  S  N  J  L  L  E
```

BASI	FIERI
UTILE	DIVES
RUFUS	SIGNUM
COPIA	CARMINE
ARCUS	ALTA
GRAVITATIS	MITTERE
EXPECTATA	MEMBRUM
PULSUM	NUBES
OBSTREPERETUR	COGITATIO
FRAGORE	OCCASIO

Puzzle 55

```
X F U Q M G W K F L N X C C T
A C N U L E P S E A I M E O R
E M R B M V O G S V E G O Y A
R G U D A C R T R F M M Z B N
A P Z K R E N R U T E B A H S
N A K U G R S E X O N V C A M
I N D I L E A R B W S E O D I
D N I W H L F L H E E S N M T
R O B O C L A H C H F T T O T
O J U K M A L L E T S E E N U
X N M D O F S O V O N S N E N
B K C S U T A T C A R T T R T
V E R B I S M U I B A L U E B
U L L A M C O R P E R V S N G
```

PANNO
TRACTATUS
STELLAM
NOVOS
AGRUM
TRANSMITTUNT
FALLERE
MENSE
VERBIS
FALSAM

VIX
ULLAMCORPER
LABIUM
SPELUNCA
ADMONERE
ORDINARE
VESTES
EGREGII
HABETURNE
CONTENTUS

Puzzle 56

```
L U T E L Q H Y B U S U S Z C
N M O T C N A S E U Y A E X L
Z S N E R R U C T M L S R F I
P B S N E I P A S U F T V C E
Y H B Z B Q T R B V A A A F G
U G F C R S Q A D A R T T Y E
F O E I I C T H J C D I I W T
C F J O S T E L U M C O S F R
Y R U T N U I D E R G N I J S
C O M M O T A E R E N E T A X
C E D Z W T R D F Z V G H I H
D B X X A O M U T C E F R E P
R Y X C M N E R E P S E V M Q
S O C A H T I R E R A M Q S B
```

STATUS	SANCTO
MARE	EGET
INGREDIUNTUR	RUDE
AMORE	TABULA
COMMOTA	CREBRIS
TENERE	VESPERE
TELUM	PERFECTUM
SAPIENS	CAVUM
ERITHACOS	CURRENS
STATIONE	SERVATIS

Puzzle 57

```
L M P A R A B O L A M C L P T
S E C U N D U M U F W U I R A
O T M O R E S A U E Q R N O M
Z N U L T R O E R U O I T R Q
R E L X F Q A E T N S O E S U
I N E V B S C C K O X S R U A
I E O Q S U X N M W V I N S M
O T Z A D C Y A D G A S A J D
P S M N K O R T E R S G T E V
X S I L U G N I S X A G I U T
Z T R E S B J V E G J B O F I
O E R E P I C E R Z K S N N S
C O P E R A T I O M U G A N N
E E D E S P E R A T I S L O D
```

SUUM
INTERNATIONAL
VASA
RETRO
MORES
TENENTEM
PARABOLAM
TRES
ULTRO
NATIVE

MASSAE
CURIOSIS
SECUNDUM
TAMQUAM
DESPERATIS
INDUCERE
OPERATIO
PRORSUS
SINGULIS
RECIPERE

Puzzle 58

```
L L V C N T I C I L P U D T Z
A W M J N A L S O V S O P L C
T H U E P L D I D L Q L M A P
A E R A S F R T L L O P P T Q
C A T V U Z O C L B T R Q N M
C D U R B G C E U N I M U E K
F L G U I C T L U V M H C M A
N U F C D K O E K Q L W H N E
Q C D J A M U S R U C C O O E
E X H O R T A T I O N E M R F
H M H M G F O R M A T W A I M
S O L I T U D I N I S T V V L
A R C H I T E C T O I W I N G
G B I B E D I P C V V W O E A
```

COLOR
UTRUM
FORMAT
ARCHITECTO
OCCURSUM
VULT
DUPLICI
MINUE
VITARE
LATA

CARENT
CURVAE
SELECTIS
SOLITUDINIS
ENVIRONMENTAL
VOS
GRADIBUS
EXHORTATIONEM
OCTO
FLAT

Puzzle 59

```
E  N  A  T  A  N  I  G  A  P  P  M  I  L  O
X  O  A  C  I  N  I  M  O  D  L  O  T  T  W
P  C  F  D  M  D  G  M  C  X  A  L  E  W  C
L  N  Z  F  X  R  M  U  U  O  C  E  M  L  L
I  M  O  G  E  U  A  H  L  T  U  N  P  M  A
C  U  V  M  T  N  Y  X  J  I  E  D  E  E  U
A  R  C  E  I  R  D  P  N  B  R  I  S  L  D
R  E  P  N  C  P  L  I  Q  A  A  N  T  I  E
E  M  G  O  I  U  P  C  T  S  T  U  A  U  N
I  U  O  I  D  Q  A  M  R  S  N  M  S  S  D
J  H  K  T  B  O  I  C  R  E  M  M  O  C  I
X  L  I  A  V  I  S  U  S  C  N  K  P  R  S
P  E  T  R  O  S  E  L  I  N  U  M  G  A  M
A  U  C  T  O  R  I  T  A  T  E  M  X  X  E
```

IMPETUM	DICIT
OLIM	PLACUERAT
CLAUDENDIS	MOLENDINUM
TEMPESTAS	MELIUS
PETROSELINUM	PAGINA
RATIONEM	COMMERCIO
VISUS	DOMINICA
EXPLICARE	HUMERUM
AUCTORITATEM	OFFENDIT
ANGULI	CESSABIT

Puzzle 60

```
D U C E M P A N P H K X G D S
L R M W A T E G T V S B Z S U
F U X F N A C L G M H Y Y M F
M P Y E R B X O L A N N I S F
L Y V F G E F T R E M Z A E R
O N W O C D Y O V P A G R O A
I C L R R I F F M E O U N O G
N Z R M O V I N N A H R X B I
M P K A C G L A X S P H I E O
O Z F W U R I X I J H X M S V
S M T E S A I P B G L K V L Z
U Z C R U D W F A T E R I V N
M A D E A U Q F G E R E R E H
W C O N T U L E R I T R V E R
```

CORPORIS	VIDEBAT
SAEPE	AGRO
QUAEDAM	SUFFRAGIO
GERERE	INVENTA
SOMNIO	GRADU
FOTO	FILII
FORMA	UNO
ANNIS	FATERI
CROCUS	PELLE
CONTULERIT	DUCEM

Puzzle 61

```
N  T  E  R  D  T  Q  A  D  A  O  G  A  R  K
H  O  X  A  N  E  W  J  E  S  P  E  U  X  N
M  G  D  U  A  R  A  P  E  A  R  P  R  O  A
F  N  I  U  O  E  Y  X  J  Y  L  M  U  N  V
V  C  R  P  M  B  C  C  G  K  F  J  M  E  S
S  R  A  B  E  A  T  U  S  E  W  S  G  Z  A
U  R  R  J  H  H  C  U  P  I  E  B  A  T  N
S  Q  I  M  I  S  S  I  G  N  O  L  F  S  E
R  K  M  U  I  T  N  E  L  I  S  O  Q  U  P
E  M  P  X  T  Y  U  K  S  A  T  U  R  N  I
V  I  R  R  E  G  U  L  A  R  I  S  F  B  R
U  T  E  R  R  O  R  E  M  B  M  X  M  I  C
E  D  U  C  A  T  I  O  H  A  B  E  N  A  A
D  B  C  R  E  S  C  E  N  T  E  W  W  I  U
```

CRESCENTE	MIRARI
SATURNI	IRREGULARIS
SILENTIUM	ACRI
NODUM	BEATUS
CUPIEBAT	EDUCATIO
SCIUNT	SEX
HABENA	LONGISSIMI
VERSUS	SANE
TERROREM	AURUM
PRAEPARA	HABERET

Puzzle 62

```
Y U D M P B T O X A H N H A O
J R W E J O A I S X J L K P R
B M U E P C N I L Q W Q P P P
R O R G M C D T N A B Z C A V
S I C U R C E K L M B L S R C
I C T X S Z M E T U L A S A L
R B I I C U P I D I T A S T A
E D V E W S L Y T A E B D U T
A O L T N A N G U S T U S S E
N S O V X T F D P T X U B N Q
X S S J O R I P E O C E B E L
V A C T L R R A W Y O L Y G M
S L R M E V E L A M A G N A O
K T Q V V M U R A L I B U S J
```

COEPI	APPARATUS
BEAT	AUDIRE
SCIENTIA	AERIS
VELA	LATE
CRUCIS	ANGUSTUS
AGENS	SOLVIT
NOVIS	MAGNA
TANDEM	MURALIBUS
VELOX	LASSO
CUPIDITAS	SALUTEM

Puzzle 63

```
C T E J J H J J G B G L G S E
I H S V Q A R F S G K Y O F L
R E C R A R Y G Q I R I R G I
C R O T N E M E M J P R Z O B
U M B G T N L J C O V E R B O
L O K X S A H L C T D P J Q M
U M W S D E J S Z E B G X F O
S E R U T N E R E T A P A O T
B T I S S L S E R V I R E D U
S R A U E O B M U L T I S K A
T U Z T N E M N O R I V N E Z
A M G S L I C O L L I G U N T
R O H O H A M P O S S U N T Z
E Z M P I N C I D E N T V Q G
```

PATERENTUR	COLLIGUNT
MULTIS	POST
HARENAE	POSSUNT
THERMOMETRUM	GYRO
AUTOMOBILE	CIRCULUS
INCIDENT	SIT
TELESCOPIO	SERVIRE
MINUI	STARE
MEMENTO	ENVIRONMENT
VERBO	ARCE

Puzzle 64

```
H A I R O T S I H X O P N D P
Y O E T A T I R O T C U A U U
L L R D X W L I O H A B E B F
A L U O E S A F N K T P M I F
X I T H L S U Z S G V K B T I
S C I U I O Q K V X U Y Q A N
L I B G F L G M A L O S J R T
K N A J G R S I L U C O V E N
S E R W K F S L U A H Q U R Q
L P U I G V M Q G M A L L U N
H G C T B C E L E R I T E R O
B D O D U I N O P L A N U M O
S I M I L E S I Z L U N A R I
E L E C T I O N I S E P O W J
```

MALO
DUBITARE
OCULIS
HISTORIA
LUNARI
IBIS
PENICILLO
NULLAM
AEDES
CELERITER

ILEX
CURABITUR
AUCTORITATE
PUFFIN
PLANUM
RES
HOROLOGIUM
QUALIS
ELECTIONIS
SIMILE

Puzzle 65

```
J  D  V  F  R  A  C  T  U  R  A  W  R  U  R
O  N  I  N  M  O  B  G  D  K  S  L  E  B  E
H  B  E  F  I  P  L  F  E  I  A  Y  V  K  P
U  R  T  O  F  O  C  I  D  L  R  X  E  Q  R
E  C  I  P  S  E  R  J  O  Q  B  I  R  P  E
W  J  W  S  V  P  R  C  W  S  E  B  S  R  H
I  P  A  F  Q  I  I  E  G  A  R  U  E  O  E
A  R  V  N  D  R  J  I  N  P  C  C  P  D  N
Y  A  K  M  G  S  E  E  D  T  G  I  O  U  S
Z  E  P  A  U  M  B  R  A  M  I  L  P  C  I
H  M  M  I  N  O  R  I  S  Y  D  A  U  T  O
O  I  R  A  S  R  E  V  I  N  N  A  L  U  N
S  U  N  O  B  A  L  L  E  R  B  M  U  M  E
E  M  O  P  U  S  F  E  R  U  N  T  S  M  M
```

UMBRELLA	FRACTURA
DICO	UMBRAM
REVERSE	PRODUCTUM
POPULUS	FERUNT
OPUS	RESPICE
PRAEMIUM	GLOSSARY
OMNINO	ANNIVERSARIO
DIFFERENTIA	AGRICOLA
REPREHENSIONE	CREBRAS
MINORIS	ALICUBI

Puzzle 66

```
M A N E T K F P Q A G P R V O
E E B H E U N Z Z R O L W N G
M A R U S N E C T T M E B R U
I S S K X I S N A E E I J D C
R N S S N I C K R F N M Z P G
D E G V U R M U I D I M I D M
I D Q R A M R I D O D U H Q I
C M L Y E Y E P A C U T A O N
I C O X Z D T R W G T N B J U
A N N U A H I Y E I I E I G T
S S A L T E M E V A G C T Z E
Q L G F O T B L N H N H A K C
H E L P F U L L Y S O B N I R
P E C U N I A M G B L J S T B
```

URBEM
DICI
MINUTE
PECUNIAM
ASSUMERE
ARIDA
CENTUM
ITER
INGREDIENS
CENSURAM

HELPFULLY
LONGITUDINEM
ANNUA
HABITANS
DIMIDIUM
CRAYONS
MANET
DENSA
SALTEM
ARTE

Puzzle 67

```
C C A B Q V I D E T U R S R Z
O U O C S U B I U Q T W U G A
N P C C C O A R A L C E N V B
D C C O U E S R L B P N T L O
I A I N E G S B E J C P N M Y
T K D T X H O S I R U M U U O
I E E I Q Y I U S Z K R T T
O E N N Q A D R B M D B R U P
N D T U Y L E B W W X E P B A
E Q I E R E L E Y A S H W I C
E J S H D G J N E E C C T R A
K A L U P I C E D S L W L T N
R E V E R T I T A U F X K Q L
A M B I T I O N I A Q B Z R D
```

SUNT
QUARE
REVERTI
VIDETUR
DUOS
QUIBUS
ACCESSUM
DESERTO
OCCIDENTIS
AMBITIONI

CLARA
SUA
TRIBUTUM
DECIPULA
CAPTO
TENEBRIS
MURIS
CUPCAKE
CONTINUE
CONDITIONE

Puzzle 68

```
H E L I C O P T E R T S R I T
Z P E T I T I O N E M E S O C
A B S O N U M S U C P H W O O
S P O R D W O N S U M S S R B
C O S O P Y Y A N R U I D Q E
O P L S T U D I U M W M H R S
N R U A I U Q T V W Q B E M T
T O P M R K I T Y L N D T E A
I M L I T I G E L R N T L N T
N P L C C Z U D E E S D D T U
U T O E H H D M C F E U J E E
A U C D C G H S I I X Y M M R
T F L G V A E F N Z G J V D E
I V E R O D M P A R T E W Q T
```

PARTE   LEGIT
PULSO   NICELY
STUDIUM   CONTINUATI
HELICOPTER   DIURNA
DESCENDERE   ABSONUM
QUIA   SNOWDROPS
VERO   DECIMA
PETITIONEM   SOLARIUM
STATUERE   MENTEM
PROMPTU   NUPER

Puzzle 69

```
C J W L R M H R N M X I E M S
K O P R A E C I P U E N M P E
C O H L S T H H Z U F I A Z P
O W U A I L E A C Q V M N E T
N E T N E D S N Y E F I I H E
F K E Y X R L D O N E C F O N
L V P J O U E H C T P I E B T
A F M K Z T H N R D A F S T R
N V A S H A B M T T C Q T N I
D N U J M N F N F I O Y U O O
U M B G T I C E F R A E M S N
M R A N I M A D V E R T O T E
H A B E T O S T A T X L X R W
R I S U S D H T P S H Z Y A Q
```

STAT
SEPTENTRIONE
HABET
PRAECIPUE
MANIFESTUM
INIMICI
EQUUM
VENIT
NOSTRA
COHAERENTIA

ERIT
CONFLANDUM
ANIMADVERTO
NOTA
CAELI
FECIT
DENTE
VAS
DOMINATUR
RISUS

Puzzle 70

```
S D M H V F I D E S U T I L D
D M U I R A S R E V I N N A I
V M C U W R N B L V D E V R G
Y E G A C E U L T M N R F E I
M Z N T V T L A S M E A R V T
U S J I C A Z P A S D P O I I
I E J N S L Z S C I A S N N S
T R C E C S D U D R V N D A D
S E D V O O E S N C N A E I R
E N B N C A C T A O I R S C J
V U S I F K S H S I N T I O H
V M M O V E A T L D M B S X R
A L U K V N E B H E O S O X D
A L T U M X O L V M A D W U J
```

FRONDES
VICEM
ANNIVERSARIUM
OMNI
LATERA
VENISSET
LAPSUS
SERENUM
MOVEAT
MEDIOCRIS

LITUS
INVADENDI
DIGITIS
FIDES
VESTIUM
INVENIT
TRANSPARENT
ALTUM
SANDCASTLE
COCHLEA

Puzzle 71

```
T K I Q K M A O M F S O P O P
A G S J J T I W U O G T U J S
H Q U A U I T L I J T W L X J
C Q B N P L R E R X O U C I P
C H I X O U E L P R K I H M E
R M C N X P T D O U T V R O R
E U U V T M C M R Z P M I U E
D N A T I I E B P Q R V O P L
E G F Y I I N T E N T I R Z L
R I L C S L P O N D E R I S O
E D U B Z S I O C C U R R I T
H A U C T O R M S I Y D C I T
P G L O B E C O N S E N S U A
L U X S U B C O M P A C T C B
```

DIGNUM   SUBCOMPACT
MINUTA   IMO
PONDERIS   CREDERE
AUCTOR   FAUCIBUS
MOTU   PULCHRIOR
GLOBE   CONSENSU
OCCURRIT   LUX
MILITUM   TERTIA
ATTOLLERE   IMPULIT
PROPRIUM   INTENTI

Puzzle 72

```
P E T T I E S U T U P M O C O
E E V R L Y U I M T I B X D C
R R C A I R T Q G U X K K D C
T W O N G R E B F I E J M X U
I Y A S A B O S C T L G J Z R
N P M I T M C W A V D L M G R
E F A R U T B G R E E N U T U
T O R E M I I Q B N F A L M N
R L E X K V B L U T E V U U T
F K E A A E H I R O C I T T V
N L U N A R W I U R T G I N N
C O P P A C W U K U U A T E Z
F R A K S R A R H M M R B V E
M E R O M U H E I K G E X T R
```

HUMOREM   TRANSIRE
COETUS   IBI
DEFECTUM   PERTINET
RUBRA   TITULUM
VENTUM   FOLKLORE
LIGATUM   OCCURRUNT
CREVIT   AMARE
COMPUTUS   SIGILLUM
VENTORUM   NAVIGATE
IURE   NAVIGARE

Puzzle 73

```
P O S T U L A N T M Q I U H M
A D V E N E R I T U F W O E E
S Z R P R E S S U R A M C R D
I V P E N I S A G U D A V E N
L Y R R L T Y V B A P C E D A
I F O M E I J E D T C R S N E
M A P X K R C L U N O A T E X
I E E Z W A R T U E C S I P K
S H R E Q P B U O C K S S M T
B C X C P A C T O O T U J I D
D M W F U N T L T P A S M Z Q
E Q U E S R D F Z P I D O R X
B K L M U C I D U I L D G M T
A P P A R E T I E H A K T C H
```

COCKTAIL   MERCURII
RELICTO   IUDICUM
EANDEM   PROPE
EQUES   ADVENERIT
POSTULANT   SINE
PARI   HIPPOCENTAURUM
CRASSUS   PACTO
APPARET   PACEM
PRESSURA   VESTIS
SIMILIS   IMPENDERE

Puzzle 74

```
D N R U L A I C N A N I F Z I
K I X A I T H M S P K A I J O
J E C V O G A I G U K P G I R
N F U I R B L S U L M I U W Z
C L D S T I W E M V S E R A N
P B U D X I I R B I N N A D A
L A M I E U S I R S O I Q N S
I L G V D B N C A G F M S E P
G L H E K D E O S L U I O D E
A O C R T F T R S I V R P D C
C O F S Q L T D L X B C Z A T
V N B I P O I I X B Z S J I U
Q L X S R I M A U X C I L C P
P R A E T E R I T A O D Q Q D
```

FONS
DISCRIMINE
FIGURA
BALLOON
PLUVIA
ADDENDA
AGO
DEXTRO
DUM
NEXU

DIVERSIS
ASPECTU
PULVIS
MITTENS
PRAETERITA
FINANCIAL
UMBRA
MISERICORDIA
NARES
DICITIS

Puzzle 75

```
S  M  W  D  A  H  S  D  Z  P  T  E  A  F  F
C  A  K  I  L  A  U  D  I  S  L  E  O  G  B
G  M  O  C  N  B  V  X  N  U  K  A  R  K  J
P  I  F  A  W  B  R  Q  N  B  O  H  C  H  Z
L  R  V  R  A  X  A  N  A  L  Q  N  Z  E  L
A  C  O  E  V  K  P  I  C  A  B  W  R  S  T
B  A  D  C  O  R  A  S  I  M  I  L  E  M  S
O  L  J  X  E  R  I  N  E  V  Q  U  O  S  A
R  U  L  I  U  D  S  P  R  O  X  I  M  O  N
E  X  T  S  U  W  E  S  E  N  T  I  R  E  D
D  K  U  Q  X  U  L  R  L  J  O  I  O  P  W
A  T  A  D  N  E  C  S  E  D  O  P  C  A  I
I  I  S  I  L  I  C  I  F  F  I  D  I  I  C
F  J  T  I  D  N  E  C  C  U  S  N  Z  Q  O
```

DICARE   PLACET
QUOS   PARVUS
LABORE   SIMILEM
LAUDIS   ANNI
PROXIMO   USU
DESCENDAT   SUCCENDIT
LACRIMAM   ECCLESIA
VENIRE   DIFFICILIS
ALBUS   SENTIRE
SANDWICO   PROCEDERE

Puzzle 76

```
J Q X W J T I D I V X G K N G
G G G R I N O I S U L C N O C
X B I G U N H M R E D I T U M
Z M E N O I T A L O S N O C B
E R E N A M P R E S O U R C E
F R U T I U Q E S M O D I N M
M O N T I S S I S N J M Q E U
I I P M A U I N Q S C U R C L
T V O Z T J C G E J I Q P T L
A C O I V S I E I Z N M Y A E
T D G T H P M N K P J N I R T
S I X G Y U A I S T U D I I S
D C O L L U M O A G P E L A A
G O O S E B E R R Y B N I K C
```

STATIM	CONSOLATIONEM
PESSIMI	DIGITUS
MANERE	CONCLUSIONI
VIDIT	GOOSEBERRY
INGENIO	REDITUM
COLLUM	NECTAR
STUDIIS	MONTIS
RESOURCE	FREGIT
SEQUITUR	CASTELLUM
MODI	AMICIS

Puzzle 77

```
O F F I C I N A R U M A I T E
Q U T I N A M S L X H C B O L
U R E R D I S P U T A N D U M
O N B B W K T J O L C P U M N
L V X I C H K T D M T Q D A R
I E O L H W L R I M O E M C H
B C Y M U I L O F Q N L P T I
E P P E N Z Q T S A X A F U N
T T G G Y C K H R A U M T A O
E S U M U F A I A S N R U L C
U A K S W R U L P M W D N L E
E X T R E M O C R A P P I Y R
A I J N O A N N E T N A C E O
I N A R F T T N T W L L A I S
```

DISPUTANDUM   PARS
MALE   DENARIUM
ANTENNA   FOLIUM
ACTUALLY   LINGUAE
PARCO   ETIAM
OFFICINARUM   TUNICA
LIBRI   TAM
FUMUS   UTINAM
QUOLIBET   RHINOCEROS
EXTREMO   HARENA

Puzzle 78

```
C O N S I D E R A S I V A S H
Q U Z R C T L W E T D X D P Q
K R W P L A R U T A N H G E A
E L I G E R E N T V E B E C U
R X Y U S O S N B P F R X I P
X V U E I B I R W X I A I E R
T M L R R A F T O Y E S T S O
Y I B A I L J I A A L S I F F
M S K R S Z T C N R E I A K E
D S Z E L I Z I T W Y C L F S
A I E P B M B V M G V A E N S
T C P M E N O I T S E A U Q O
X I A E M U L I E R E S F T R
O V O T N A C O V B C P S M T
```

PROFESSOR   ELIGERE
VICIT   IRIS
VICISSIM   EXITIALE
BRASSICA   LABORAT
CONSIDERA   NATURA
VISA   SPECIES
VOCANT   AMBITIO
ELEIFEND   TEMPERARE
RATIO   QUAESTIONEM
MILES   MULIERES

Puzzle 79

```
B R X R B N J V O L H K C Z E
X F G O C C N T A B E B A H F
Y S N T L K O G R A V I L S F
L N L P Y H N R U I E L C E I
X W M I S D O B O D T U E N C
E X E R C I T U S N F C A T I
F O A C R Z I Q S U A O M E A
L R N S G A V R V M M M E N N
O E L E D P I X G A I V N T T
R S G K Q A V P B E X H T I U
U E G J L O M E B R A A A A R
U P T L C A P E R E M M Z M T
L S U T N A C U U Z K B M C J
I N Y G X M H T U N C R C P D
```

SENTENTIAM
SCRIPTOR
EFFICIANTUR
CALCEAMENTA
CORONAM
VIVIT
TUNC
EAM
CAPERE
HABEBAT

ORA
DELEO
GRAVI
MUNDI
CANTUS
EXERCITUS
NULLA
OCULI
SPES
MAXIMA

Puzzle 80

```
A F Y W S D E I N D E P C E O
A A I T N E I P A S M R U R C
M O L E S R C B M G X A L E E
R J N P O I Z U J W K E T Q A
I X D A K N D N N J A T U U N
F N I T G I P A F D L E R I U
W M D I R F P M D W O R A R M
Z L A E H E W I W K I I E I G
W J M V X D W T J P V T B T W
S E C U R I T A T E M U F L U
C O L L O Q U I U M Y M N R Q
A B B R E V I A T I O N E M W
R G Y Q P E R A N I M A X E V
I A C E B A T G Q T N O C Z C
```

MANU	EXAMINARE
ABBREVIATIONEM	PRAETERITUM
OCEANUM	PATI
MOLES	SECUNDO
INDEX	SAPIENTIA
VIOLA	IACEBAT
CULTURAE	REQUIRIT
COLLOQUIUM	FIRMA
SECURITATEM	BUYING
DEFINIRE	DEINDE

Puzzle 81

```
A H B V E N U T R Y W H C S E
M S Y E N C N A R E V I M C X
I H B R O U L R U L E L P R P
C U Q E I P A U I D U A E I O
U L B T M M T T E B N R V B N
S L N E A U Q I T N A E S E E
J E X M N I D G S X E S T R N
S E T I E C L I Z A V E Y E T
H F A X Y A A L I R E S L Q I
U T R A O D U L N U O C E F A
S O D M R N B E J R J I U X C
Q Y U Q K E R T Q C C U Y L R
U Q S H S M Q N T R A H I Y O
E L T O G K T I A N H A H F U
```

EXEMPLAR
MENDACIUM
STYLE
EXPONENTIA
VERE
VERA
INTELLIGITUR
ANTIQUAE
DIU
SENTIUNT

HILARES
TARDUS
SCRIBERE
CRURA
USQUE
SAECULO
LUDO
TRAHI
MAXIME
AMICUS

Puzzle 82

```
T A F H S S E R A N T F V T V
D B E R E D I V O R P R O X G
P S U N U M T D E R E U V K M
E O C W X E Y M E X R L K W U
R L X S S Z U U U R B U N N Y
I U H S K U B U Q R A R T N I
C T E G C D H Q M E U I U R J
U U P A U E K I U A E W K R F
L M V B R C X L R I J V O K I
O Z J E T I V E T A X A L E R
S R O N I M X R U Y T Q M O O
A F R E T O H O R O L O G I O
Q U I D A M C U R I O S U S B
F O R T I U M G P H X A J R X
```

BENE
SIDERA
VACUUM
ESSET
HOROLOGIO
RELIQUUM
QUIDAM
MINOR
INTRA
PROVIDERE

FORTIUM
ERANT
CURIOSUS
DECIMO
MUNUS
ABSOLUTUM
BUNNY
PERICULOSA
UTRUMQUE
RELAXAT

Puzzle 83

```
N W O R B A M V P O X O X K P
I O S O I T N E L I S S Y F F
G T T M L C P L W M Y L U K X
R E C N A C A O E R R E F N B
U C W I C V E T P H E I S A Q
M J U E R M A C H W Z I L O M
B W J E I T P A S T I N A C A
C O T Y R O Y F L X E T D T M
O N K E U P M R J U I I T R H
I G B Q N E I X M P J R Y A C
I I Y V T R P R O P T E R D A
L X E L B A H G U A L G Q E R
S U P E L L E C T I L E M W D
T E M E R E F A C I E B A N T
```

FERRE
EGERIT
TEMERE
SUPELLECTILEM
INTERVALLO
CANCER
BROWN
NIGRUM
EIS
LIBERTATEM

OPERA
PASTINACA
DRACHMAM
PROPTER
BALNEUM
FACIEBANT
FACTO
TRADE
SILENTIO
LAUGHABLE

Puzzle 84

```
T O S D B G H D W A L K I N G
E F D S R E T N E G I L I D X
N A F F E C T U A P Y R R R N
D S B P S N R U T E R E F U A
U C U S T O D I A M O I B T T
N G M E D A E D W B O B M N N
T S M H F I S T E Q J U I A U
I A L I P A S U C X E C U I T
L N T N A P I C I T R A P N C
A A I O C Y N I R X N S I E E
P L A T G P Z I L I O I O V L
I P M L U A E E T N M Q L N F
S R J P J S P S D Z R E F I E
S T O M A C H U M F R O N O R
```

DISCRIMEN
TENDUNT
CUSTODIAM
INVENIANTUR
AFFECTU
DILIGENTER
PILA
WALKING
LANA
AUFERETUR

ETSI
LAPIS
REFLECTUNT
DEPRIMAT
STOMACHUM
PARTICIPANT
UBI
INITUS
EADEM
EXCUSA

Puzzle 85

```
M Y K M P E A I S E L C C E Y
J M A U V O L A N T E S R R M
K T T T G L A D I U M L O E P
F A R I N A M S M O Q T C G E
L C B B P H F H U D G H O I R
F Y J M E V O N I T A U D L F
C O N A T U S M C N S W I G I
Y I N F W O O S I U A E L E C
N R Z U E O A C L R U P U N I
P U M E I I U Q A E R A S Q E
L A V L Q S F N N G E U V T N
L H A F U D J A E Z U C R O T
E X A M E N O U V F S I F R U
O R A T I O N E M B F S T O R
```

ORATIONEM
NEGLIGERE
MECHANICUS
GLADIUM
FARINAM
ECCLESIAE
QUESTUS
NOVEM
HAURIO
PERFICIENTUR

AUREUS
EXAMEN
PAUCIS
GERUNT
ALIO
CROCODILUS
VENALICIUM
AMBITUM
VOLANTES
CONATUS

Puzzle 86

```
H A B E A N T R Q X S E I K J
F D A U G H T E R I C C W P Y
F I E X I T U M F N O L L E B
O V L W I D T H T T L D K Y J
R I W I S N W P T E O V A D M
A R G Q U C E L S R P M C T I
M E A R T S U R F R E Z P M A
I T T Y C N A I M O N O C E O
N E P X A G K V G G D U J Q O
I M A E T A Y S I A R R P G S
S I C C N X B A W V A E T Z R
W R L C O M E N O I T N E M N
T E U L C K K S U T I D D E R
P P R O C E S S U S S I T E D
```

FRUSTRA	OECONOMIA
PERIMETER	HABEANT
FILIUS	INTERROGAVIT
DAUGHTER	LUNAE
WIDTH	FORAMINIS
EXITUM	SITE
CONTACTUS	CAPTA
SCOLOPENDRA	DATA
REDDITUS	PROCESSUS
BELLO	MENTIONEM

Puzzle 87

```
A F U S S M R S I X P K X Z L
C M Y G O W E U E M H F S A H
C P N N E J Y M S U S C U T Y
E T O V E D Q A O I T A L E R
D P L M T J R V L R H X U N I
U A A Y B M O I U A I O C I M
N R Q C Y H B V C R Z A N D P
T B C Y I I R O I T S T U U R
C O Q R R F A O R N S I V T I
A R O R U A I I E O O X A I M
I E E P H F N C P C L U H N U
K T E T R O P O I V U D W G N
R E S E A R C H L S S D H A T
N Y T O Z C E L L U L A Q M Y
```

IMPRIMUNT   DEVOTE
CELLULA   OPORTET
TERRIBILIS   MAGNITUDINE
VIVAMUS   SOLUS
RESEARCH   ACCEDUNT
AVUNCULUS   MEMORIA
ARBOR   RELATIO
ARBORE   PERICULOSE
ADDUXIT   CONTRARIUM
PACIFICIS   AURORA

Puzzle 88

```
Y  D  E  C  E  M  X  T  U  V  A  R  H  E  W
I  N  G  E  N  S  N  J  D  E  C  I  E  S  E
S  Q  X  L  Z  E  U  Q  M  I  R  T  U  G  D
X  U  S  Z  B  T  D  X  U  K  K  J  N  R  N
P  Y  V  I  T  S  V  E  L  M  A  O  C  O  E
H  P  H  T  T  E  U  N  O  R  T  M  S  T  S
E  X  F  G  Z  R  U  D  S  R  A  J  H  A  D
E  U  A  C  O  E  O  J  D  I  C  S  Q  N  A
J  Z  V  N  J  T  R  F  Q  U  I  E  T  I  Y
F  I  N  E  M  N  E  A  E  F  L  I  C  M  U
D  K  M  D  H  I  M  I  L  Q  E  R  F  O  G
P  E  R  E  A  T  U  F  D  I  D  E  N  N  U
M  O  R  B  I  U  N  E  J  N  U  S  J  E  M
O  B  S  E  R  V  A  R  E  L  O  D  Y  D  L
```

MORBI
NUMERO
DENOMINATOR
SERIES
EXHIBENT
DELICATA
QUIETI
OBSERVARE
UTRIMQUE
INTEREST

ALIUD
DECEM
PEREAT
FORTIS
SOLUM
FINEM
WEDNESDAY
UVA
DECIES
INGENS

Puzzle 89

```
L R I J V T U P C S L E K R N
O O N N H A E S E R I B U S I
Q V O Y V B G I I O Y M F B R
U J L A R E G N D G Y J W Y E
E V M T E I N G O U Q K U V B
B V E U F C M I H D T N I C U
A A R F B S E S U P O R C A M
T R E T A M D I O N G I M R S
U I C T X Q I T N A T S E C S
R O O X S A C I D S L P M A F
Q S N I A N U P I U T L O S Y
A S S A E N S A S E H N R P X
Y W F K E R E C U D A D E F H
O B L I V I S C A R I S S F U
```

OBLIVISCARIS	EFFIGIES
MACROPUS	HODIE
NOCERE	INVENIUNT
SCIEBAT	STANT
LOQUEBATUR	MEMORES
MEDICUS	MATER
IGNIS	CAPITIS
SACRA	VARIOS
VIRGA	ASSAE
DUCERE	SUBIRE

Puzzle 90

```
D T A C E A N T Y L M Z R G M
E R E D U C E R E U T O E I W
N A U D I T U S D I U Z T V Y
I P V X S O R N F T I A A J A
Q I A L U B A F T V R D P R V
U O W B N R K A N A I R A V S
E R W J E A U L P D I C E R E
X T I P G Q C E F H G W P A I
M A M K Q B S U T C E F F A P
K E C O M M E N T A R I O O I
T H R B P E R I T U S W R I C
X T U W U U D E R R O R E M N
J R L U T R A H E R E C L X O
D X N E G A T I V E P M L X C
```

COMMENTARIO
CONCIPIES
GENUS
PATER
NEGATIVE
FABULA
THEATRO
DENIQUE
DICERE
PERITUS

SEPARATIM
REDUCERE
VARIA
QUATTUOR
TACEANT
AUDITUS
TRAHERE
AFFECTUS
TEMPERANDUM
ERROREM

Puzzle 91

```
M I N C R E M E N T A B Q Q P
U P E N I C I L L U M R A U R
T N U C S E R C C N U E Z O O
N H E R E G N A R F E V B T D
E P R O L H H K K M T I H A U
M S F F B F I D U C I A M T C
I N S T A B I L I T A T E I E
R K L N T T P O N I L C A O R
E Z H U R Z U U I L O Q N N E
P N Q D O Z K L I N S T A N T
X M D I F K X P O S S E S Y K
E T N S M O O D H S I D Y G A
C S R E O R E A U Q B B Q T D
S R W R C K T U T K C A G E I
```

COMFORTABLE   ABSOLUTA
INSTABILITATE   POSSE
QUOTATION   EUM
EXPERIMENTUM   PONI
QUAERO   PRO
INSTANT   INCREMENTA
FRANGERE   PRODUCERE
BREVI   CRESCUNT
PENICILLUM   FIDUCIAM
RESIDUNT   SOLA

Puzzle 92

```
B P M V J M E T N E V I V L M
J I M U T U U M U N N B G E O
M A I N O U Q Q S A Y C T M N
A M U C Z M E M T M L I I O T
Z Q D M M A U V E E L R U N I
I Y W Y I U T Y U E E R C A B
R K M R F T I R V T H E O D U
X N O H H A T V E Y K F D E S
G L I E S T S K K S T T Y A E
G O U H Q S N A L Q I C I Y V
U L P N G A O D E R C D D B I
P R A E D I C A N T U R U D D
C O N G R A T U L O R W E U R
X T Y A U D O L E C T I O N M
```

FERRI	IAM
MANE	STATUAM
DOCUIT	CONSTITUE
MONTIBUS	GLORIAEQUE
LEMONADE	MUTUUM
PRAEDICANTUR	VIVENTEM
RESIDUUM	DIVES
VELIT	CONGRATULOR
CREDO	LECTIO
CUM	QUONIAM

Puzzle 93

```
R  S  V  M  B  C  C  E  C  X  Q  G  P  O  M
E  O  I  X  Z  O  F  R  A  G  W  L  T  U  R
L  L  D  S  T  N  T  R  V  J  Z  I  T  N  Y
I  L  I  I  M  T  I  D  E  A  C  I  O  M  P
N  I  Q  N  U  I  S  N  D  N  C  L  N  U  P
Q  C  C  O  T  N  S  E  M  R  D  C  V  R  F
U  I  M  I  I  E  R  E  E  W  S  I  O  O
E  T  L  S  S  N  C  X  Q  T  O  O  A  T  U
R  U  P  S  O  T  E  P  H  X  R  Z  A  I  Q
E  D  S  I  P  X  R  X  Z  E  D  E  D  D  N
N  I  X  M  O  N  M  U  S  I  C  A  D  R  I
P  N  V  E  R  E  C  U  N  D  U  S  E  E  L
H  D  C  R  P  C  A  P  U  T  D  J  W  P  E
V  A  R  I  E  T  A  T  E  C  O  N  D  O  R
```

MUSICA
VARIETATE
PERDITORUM
RELINQUERE
VIDI
REMISSIONIS
CAVE
EXTERNA
CITO
ADDE

PROPOSITUM
RECESSIT
SOLLICITUDIN
VERECUNDUS
RELINQUO
CONTINENT
CONDOR
PRIORES
CAPUT
EXERCITUM

Puzzle 94

```
N  M  A  R  U  T  C  U  R  T  S  U  C  Q  D
A  O  A  F  Y  Q  G  Q  B  O  I  D  G  E  X
T  S  N  S  N  Z  T  M  E  V  T  T  E  P  Y
U  T  C  H  U  C  O  N  B  J  S  I  U  E  A
R  I  I  D  N  A  U  B  Z  E  I  D  Q  R  P
A  U  P  J  Z  C  C  N  X  F  R  N  D  S  A
L  M  I  C  L  A  M  A  V  I  T  E  O  E  U
I  E  T  I  D  N  E  T  S  O  H  C  U  N  P
S  C  I  E  A  P  E  D  E  T  L  S  Q  T  E
U  A  A  U  L  W  K  L  A  D  O  E  M  E  R
S  P  E  C  T  E  S  C  H  T  R  D  U  N  I
P  N  R  A  A  M  E  R  I  C  A  N  N  T  B
C  B  A  P  U  L  V  E  R  E  W  T  U  I  U
S  P  E  C  I  A  L  I  S  N  T  O  B  A  S
```

OSTIUM	PEDE
ANCIPITIA	PAUPERIBUS
STRUCTURA	UNUMQUODQUE
SENTENTIA	SPECIALIS
CAUSAM	OSTENDIT
TRISTIS	CUNEOS
AMERICAN	AREA
CLAMAVIT	SPECTES
NATURALIS	CATHEDRA
DESCENDIT	PULVERE

Puzzle 95

```
P R I V A T U S R W U X S R I
F C E K L A A O U Q N U P E N
S E P T E M M K C R E X E L S
I M S C N A V E J M G M C I T
N D K E L W C V W T F T U Q I
O Z Y C V I O M O O W E L U T
I O R A D L U V H L L N U I U
G L U I K A Y V R C F E M T T
I N T E R A C T I O N N E K I
L W G R B K H O R T O T T F O
E R E C S I M O K E M U N C N
R I N T E N D E E F Y R U X E
A P P L I C A R E E G Z E E J
B R H D L I T O R I S T L J C
```

FORO	APPLICARE
MISCERE	INTERACTION
PRIVATUS	LITORIS
EUNTEM	QUO
RELIQUIT	REX
GENU	HORTO
SPECULUM	CLAMOR
TENENTUR	RELIGIONIS
INSTITUTIONE	INTENDE
CECIDIT	SEPTEM

Puzzle 96

```
H Z Z E N A L P O N O A K C O
P S B R F Z T H O R U L C O B
M E D E S F Y B I Y B B O N H
U T R G F N E V T D I U N S U
R N R I R V M C A Y Q M S T M
I E C X E N P M T S U R U I A
V B O E F K Q O U U E W M T N
A A Z Q T B N N M T M P P U I
L H N M W N H T S C U W T T T
O B L I T U S E O E C E A I A
I K C H O V B S X F R K Z O T
U W M T J R F X B O I H M N I
A P T U M M Q C F R C H A E S
V E N T U S B P X P V T D M K
```

CIRCUM
VENTUS
VIRO
HABENTES
VIRUM
PROFECTUS
EXIGERE
EFFECTUM
HUMANITATIS
ALBUM

APTUM
OBLITUS
PER
UBIQUE
CONSUMPTA
CONSTITUTIONEM
PLANE
MONTES
MUTATIO
SEDEM

Puzzle 97

```
X Y J E E P F I N T E R S B J
M K T R M R S I V I C L I Q K
Y Q H T T A N U N D Z S F S L
B L S W M E W R R I U W I N K
M Y U A Y S J B M T A X P F T
M I T R L E U Y A G K N H I C
A O R E E N D D M U J S T S S
T T E O C S I D I Y K P L U I
U T C G A D X Q X O I I C T R
L I Z P N C U G A X D R Z X E
O M R A X S W O M U D I M E N
S J C S N O W M A N I T U S E
H A B I T A T P R X N U Q H G
M E N S U R A N R F G S S A N
```

KIDDING
SNOWMAN
SEXTUS
CERTUS
INTER
MITTO
MAXIMAM
PRAESENS
HABITAT
HIC

CIVIS
DISCO
CANDIDATUS
FINIANTUR
UNA
SPIRITUS
TOTAM
SOLUTAM
MENSURA
GENERIS

Puzzle 98

```
G  J  M  Z  P  S  O  H  M  A  N  E  R  A  Y
L  P  F  U  M  N  F  X  E  P  E  F  M  T  P
A  C  D  C  I  S  M  E  D  F  Q  E  I  N  R
C  Q  W  M  U  R  A  E  I  R  M  L  M  A  A
I  A  O  K  W  Q  I  U  A  T  I  S  U  B  E
F  D  A  D  D  U  C  A  M  B  F  J  T  A  S
I  R  S  U  H  T  N  A  I  L  E  H  N  R  T
N  S  I  L  I  M  I  S  S  I  D  D  E  U  A
G  S  H  G  Q  E  N  O  I  G  E  R  M  C  N
A  S  E  D  I  O  M  U  N  D  U  S  G  C  T
M  E  C  F  P  D  M  E  N  S  U  R  A  E  E
F  J  G  S  K  M  U  L  L  E  B  K  R  G  S
E  R  E  D  N  O  P  S  E  R  O  X  F  I  U
Z  R  R  E  D  I  G  E  N  D  U  M  O  R  P
```

EARUM	HELIANTHUS
MAGNIFICA	RESPONDERE
MUNDUS	ARENAM
BELLUM	REDIGENDUM
DOMINO	SED
ADDUCAM	RESPONSIBILITY
FRAGMENTUM	DISSIMILIS
PRAESTANTES	MENSURAE
MEDIA	CURABANT
FRIGIDUS	REGIONE

Puzzle 99

```
A C O R P O R I B U S O Z W S
D N X L Y H S U N I M R E T I
I Q I S O N I T U S X U D L V
G U C M E F F U D I T T A X I
E A M U A H J F A Y X N K T V
R D O S A L Y L C X O A S L A
E R R R P M I L A I D N U S M
V A A O T R C S D C K I B I U
O G L E U W O I Y A N M I Y S
C I I D S L R V Q R J O D I E
E N S J D E E C R U K D I S E
M T P G M A M X J S P T P R N
K A G E M T U N A V J I A O Z
G Z H V H O H C H T K P L C Z
```

DEORSUM   CORPORIBUS
MORALIS   APTUS
DOMINANTUR   VIVAMUS
DIGERE   SONITUS
TERMINUS   LAPIDIBUS
SUNDIAL   VOCEM
EFFUDIT   QUADRAGINTA
HUMERO   ANIMALIS
IPSE   NUTMEG
DUX   MERIDIONALI

Puzzle 100

```
S U N O S R F M Y R E D E E O
A T B N I O O I G N I S X X S
V I O T T D R M E V O U P P C
Q Q U M R N T Z A H W T L E U
V D H V A O E R T Z V I O C L
S A T I S C I W I D A D R T U
E Q S N E E H D V X K N A A M
K R O W T E N U G I K O R T D
F F K A O U G L M V J C E A O
A N T E N N A N F S Z J T P D
R E C H L A M Y D E M U T M C
V A D W X M P F I K M T F O Q
X Q P S S A P P L I C A R E O
O Z M P M Z Y T D O A F R U G
```

SONUS
NETWORK
CHLAMYDEM
VITAE
CONDITUS
EXPLORARET
DATUM
SATIS
FORTE
ARTIS

OSCULUM
EXPECTATA
VAS
ANTENNA
MANU
STOMACHUM
IGNIS
CONDOR
VARIETATE
APPLICARE

Puzzle 1

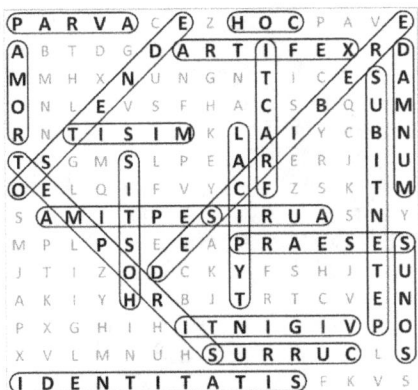

Puzzle 2

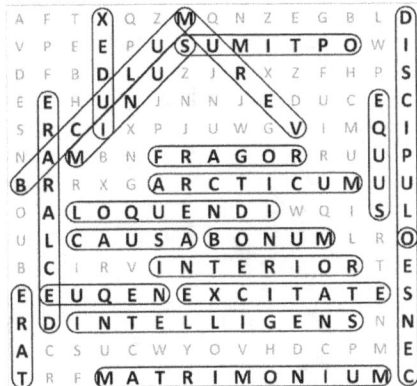

Puzzle 3

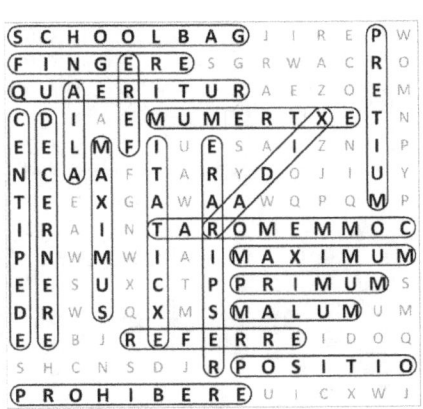

Puzzle 4

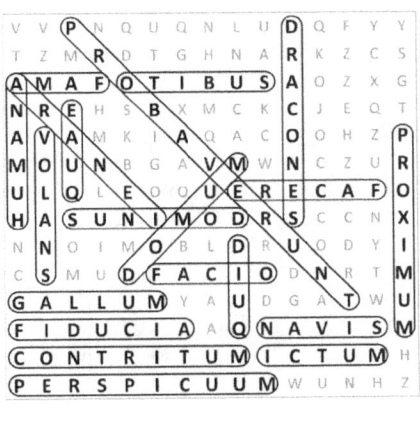

Puzzle 5

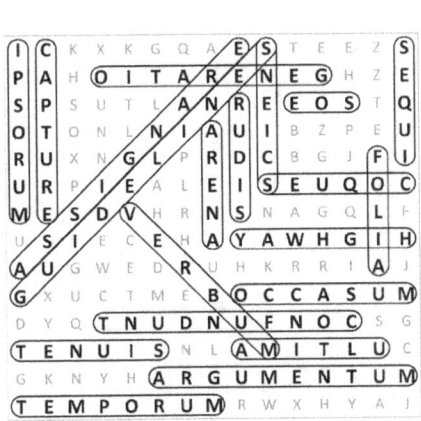

Puzzle 6

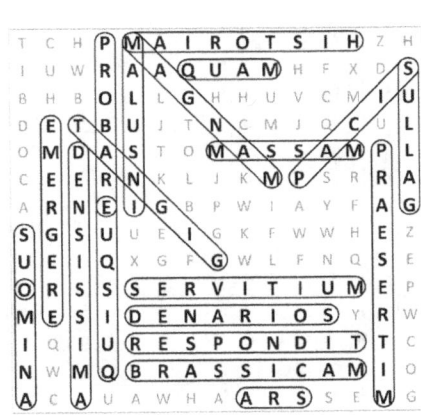

Puzzle 7

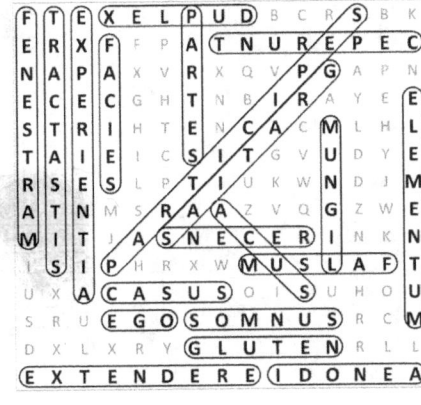

Puzzle 8

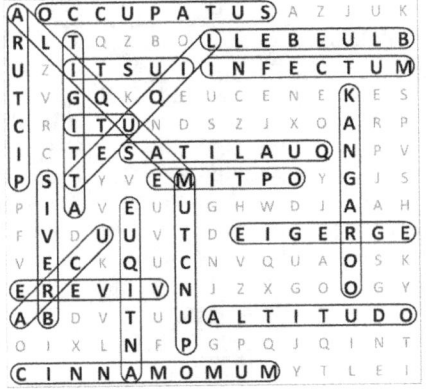

Puzzle 9

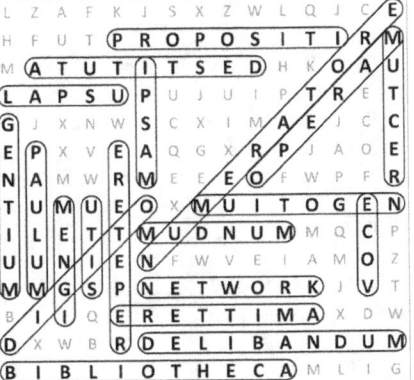

Puzzle 10

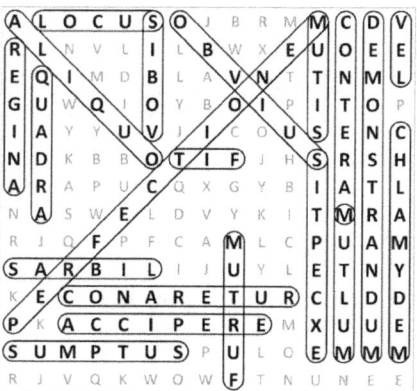

Puzzle 11

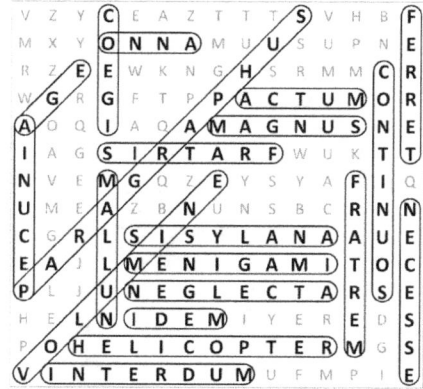

Puzzle 12

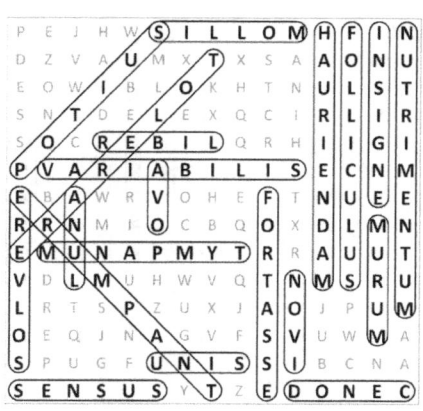

Puzzle 13

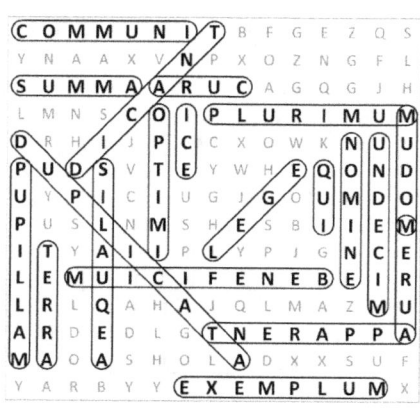

Puzzle 14

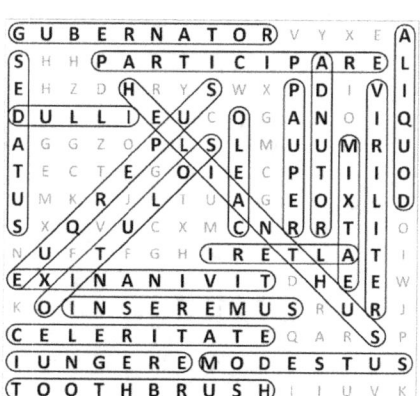

Puzzle 15

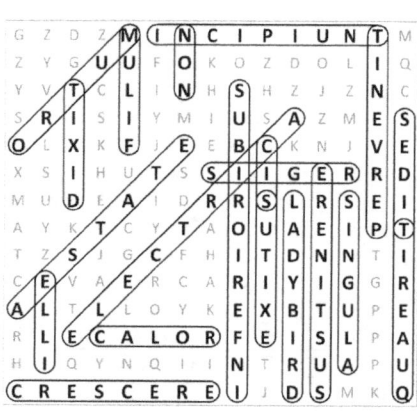

Puzzle 16

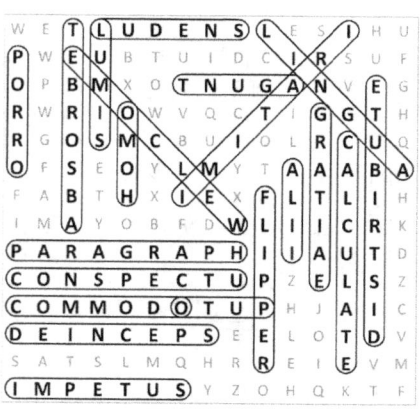

Puzzle 17

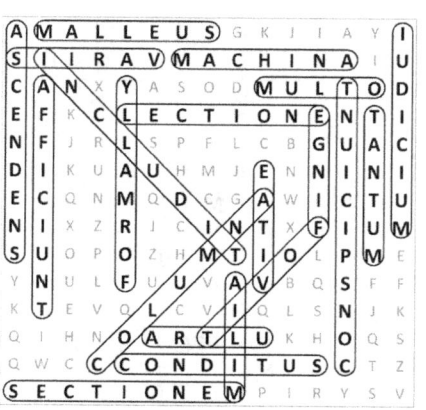

Puzzle 18

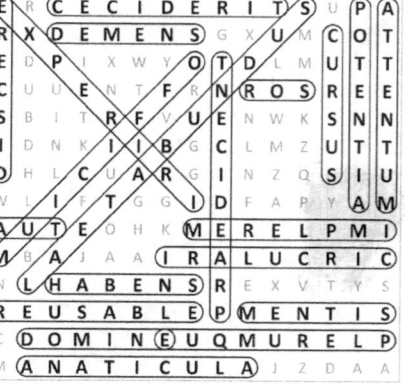

Puzzle 19

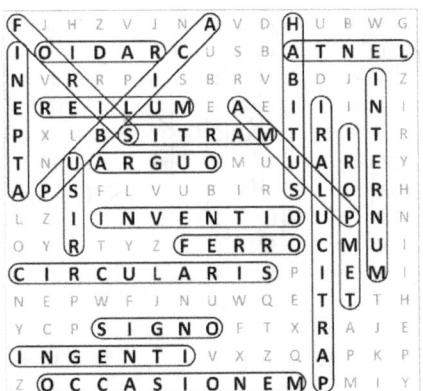

Puzzle 20

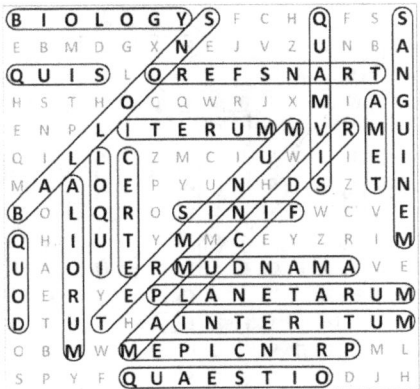

Puzzle 21

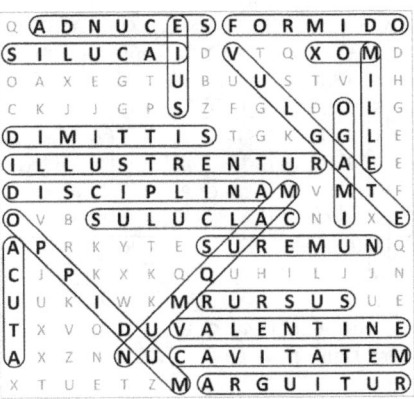

Puzzle 22

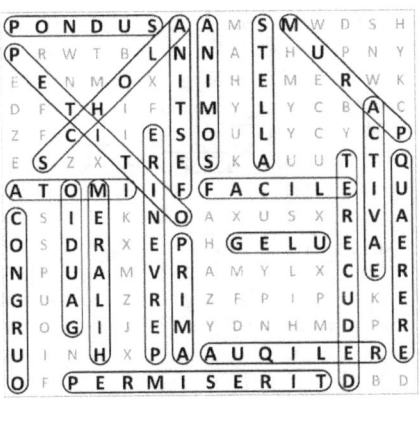

Puzzle 23

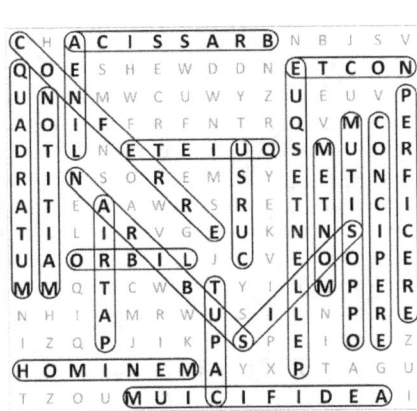

Puzzle 24

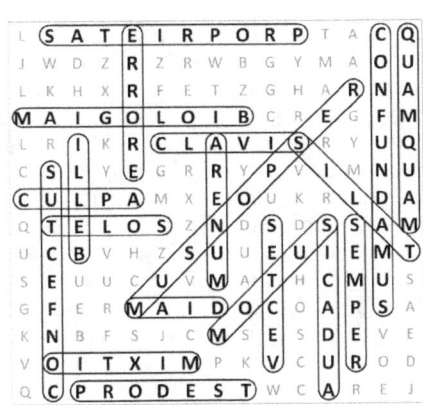

Puzzle 25

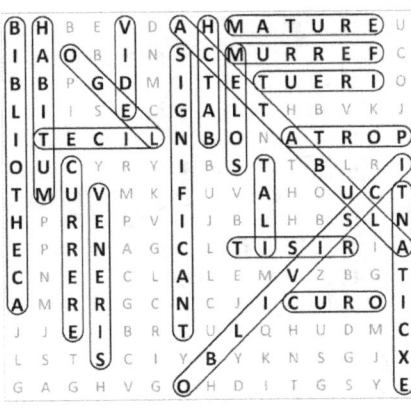

Puzzle 26

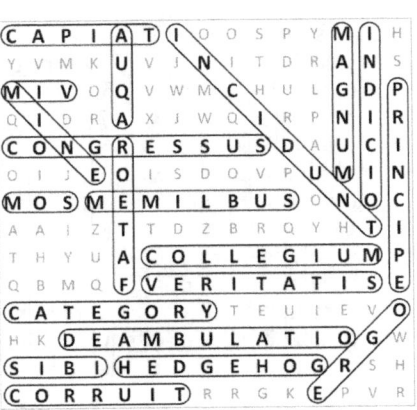

Puzzle 27

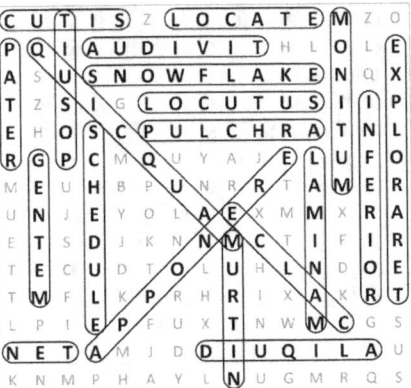

Puzzle 28

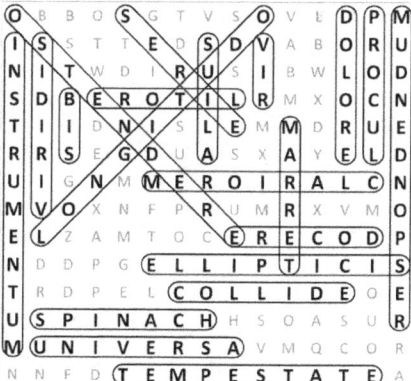

Puzzle 29

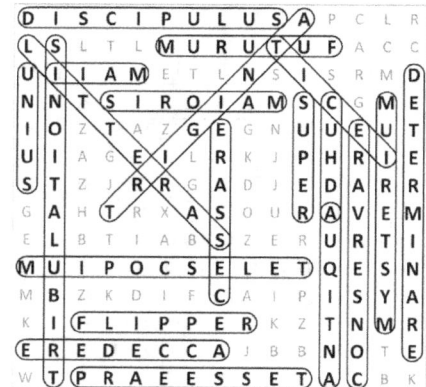

Puzzle 30

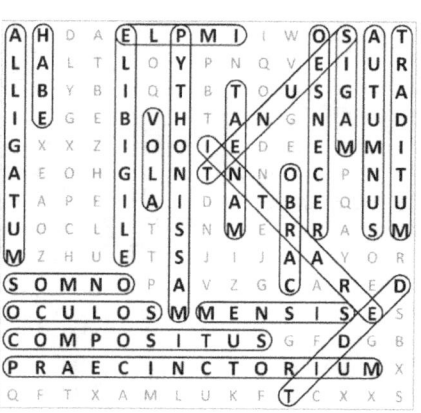

Puzzle 31

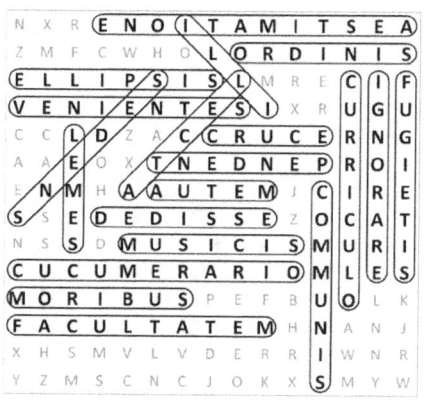

Puzzle 32

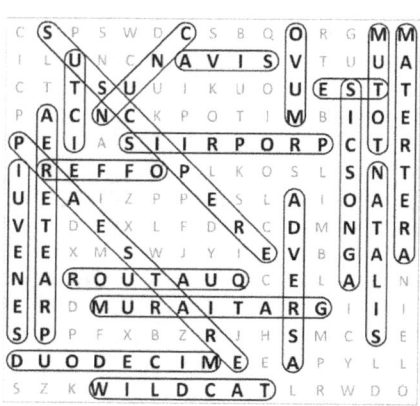

Puzzle 33

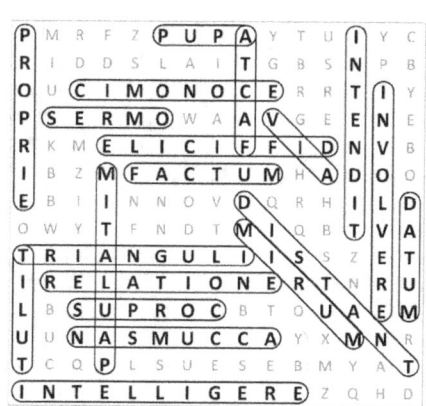

Puzzle 34

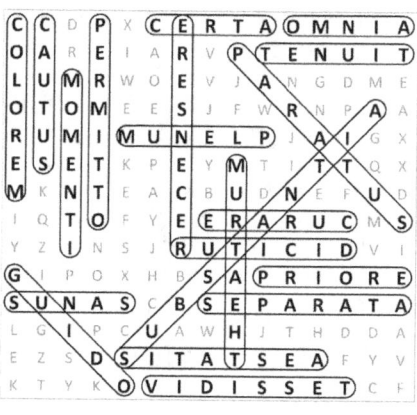

Puzzle 35

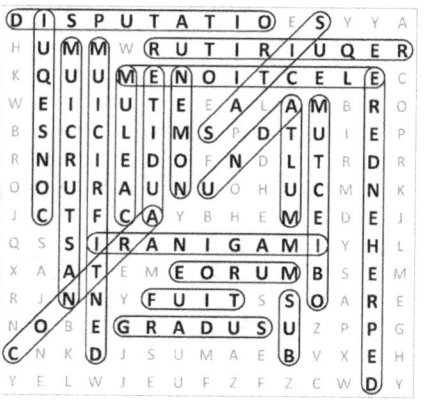

Puzzle 36

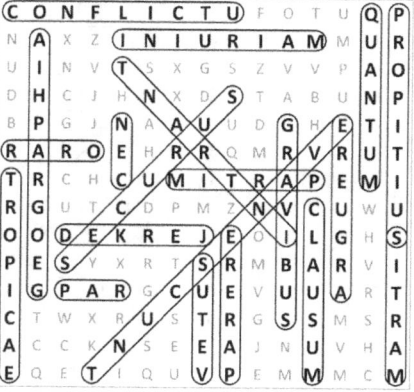

Puzzle 37

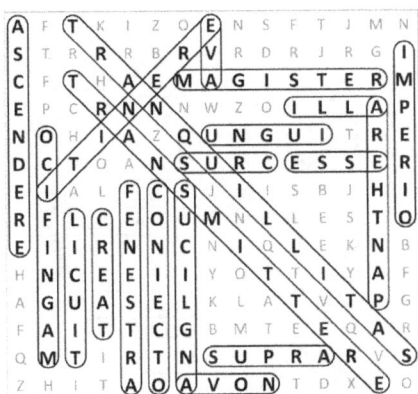

Puzzle 38

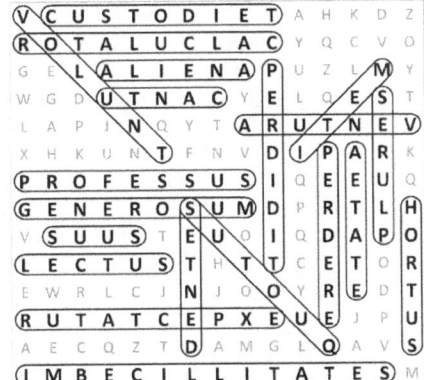

Puzzle 39

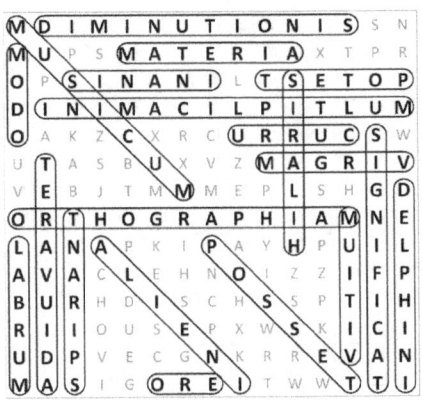

Puzzle 40

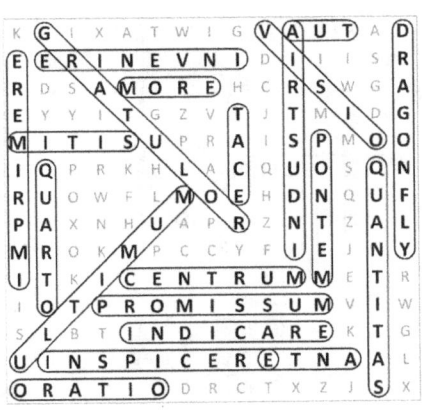

Puzzle 41

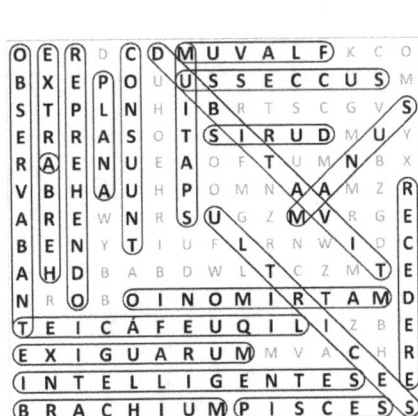

Puzzle 42

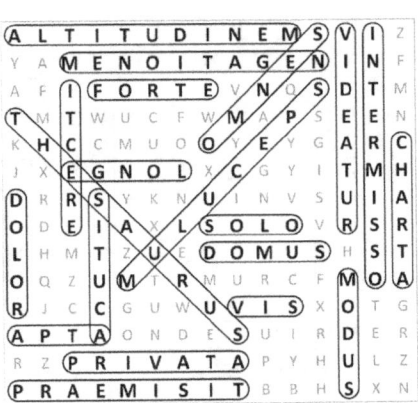

Puzzle 43

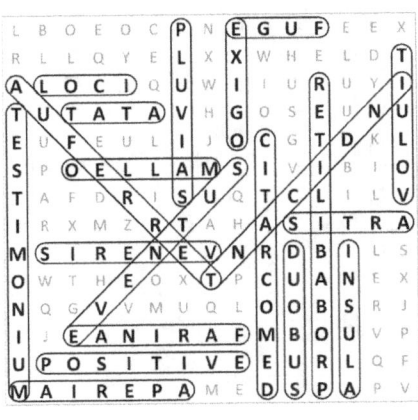

Puzzle 44

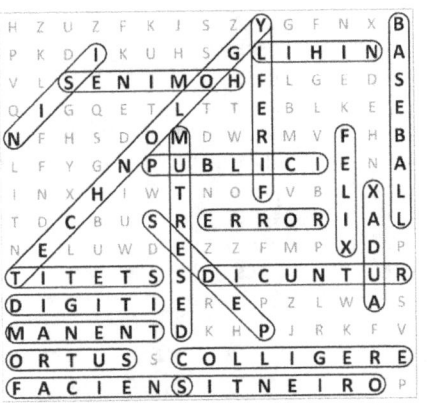

Puzzle 45

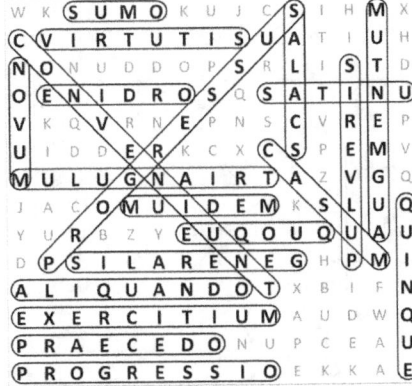

Puzzle 46

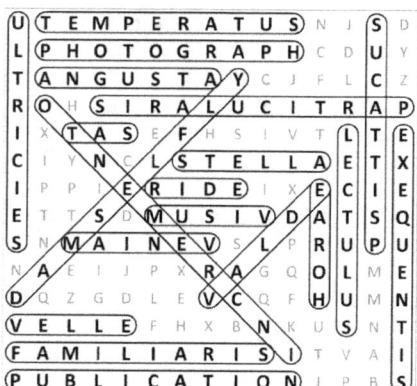

Puzzle 47

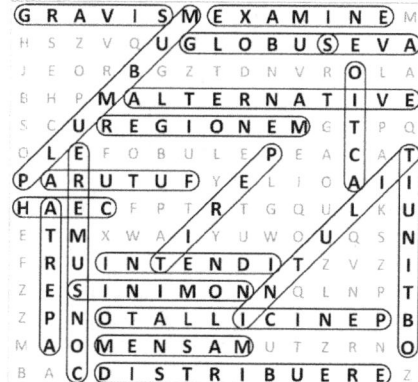

Puzzle 48

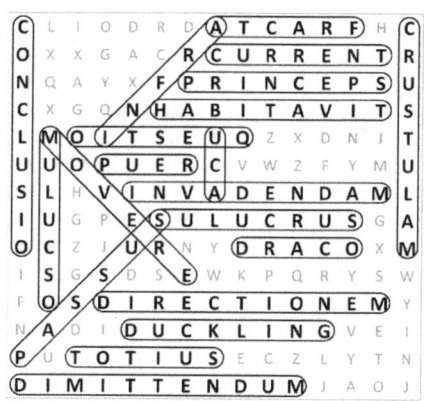

Puzzle 49

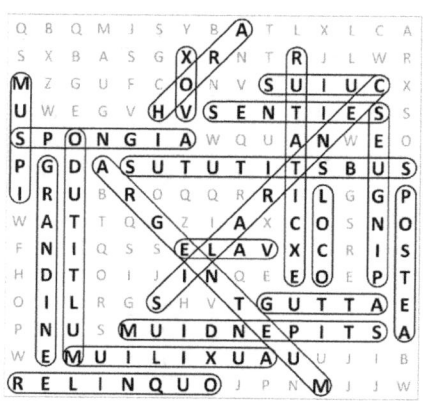

Puzzle 50

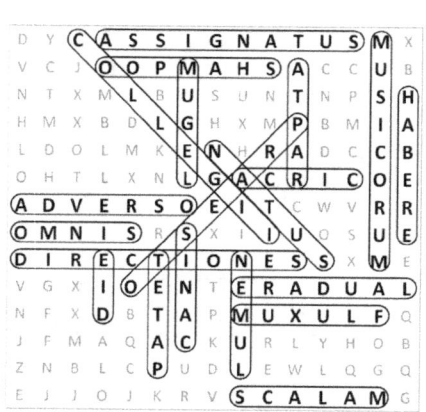

Puzzle 51

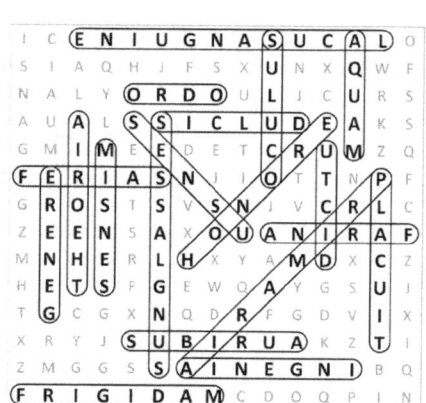

Puzzle 52

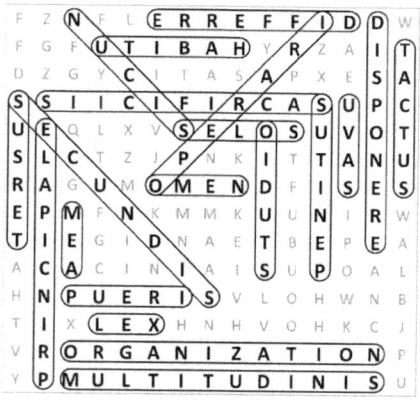

Puzzle 53

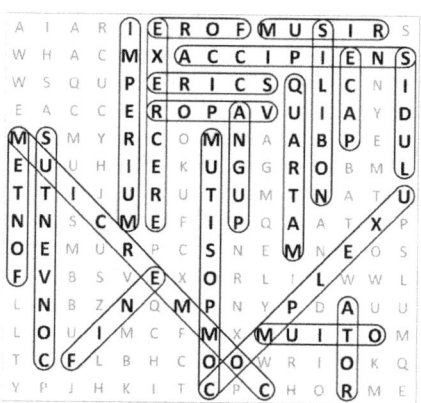

Puzzle 54

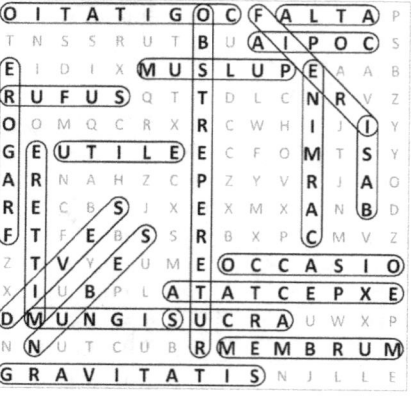

Puzzle 55

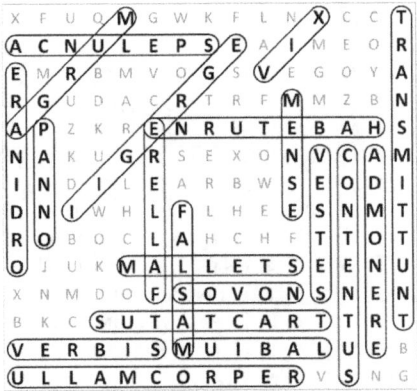

Puzzle 56

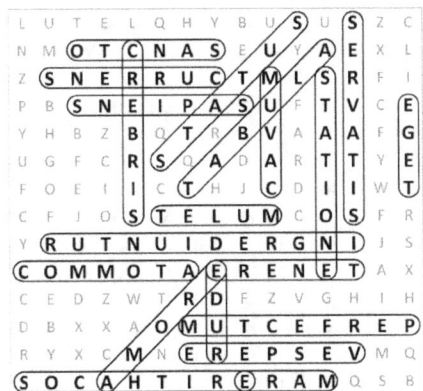

Puzzle 57

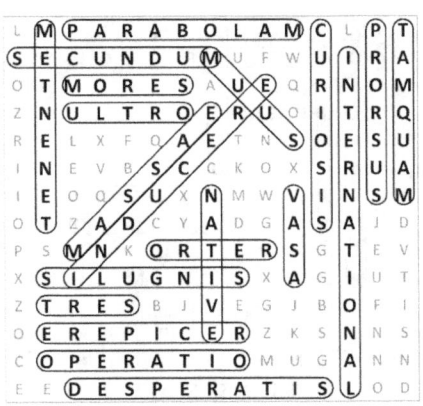

Puzzle 58

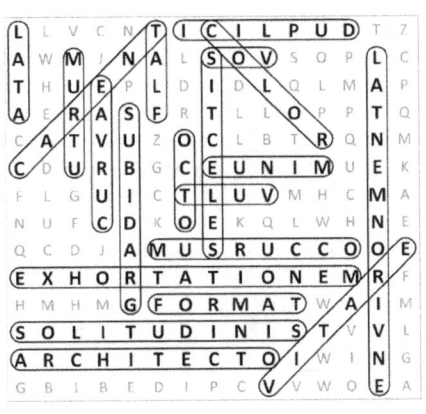

Puzzle 59

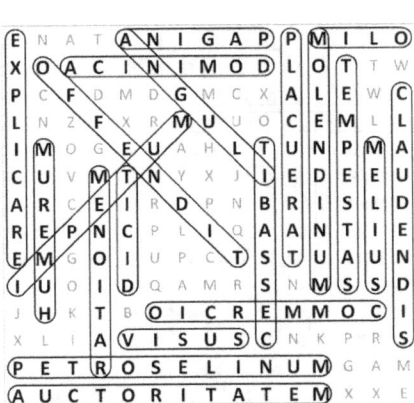

Puzzle 60

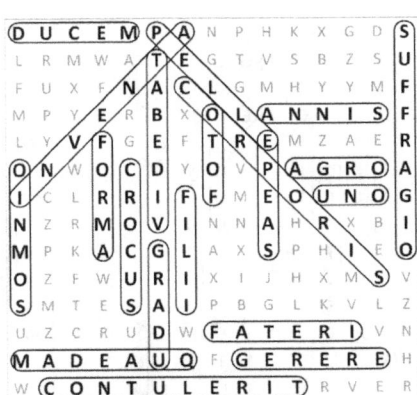

Puzzle 61

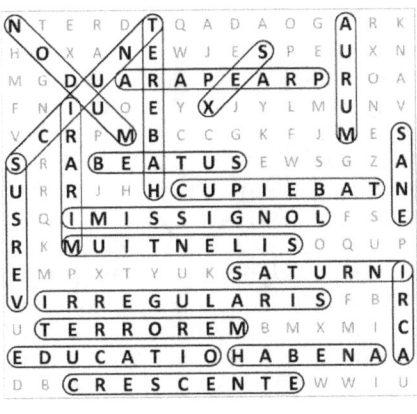

Puzzle 62

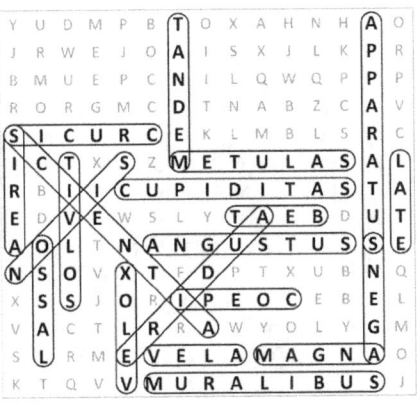

Puzzle 63

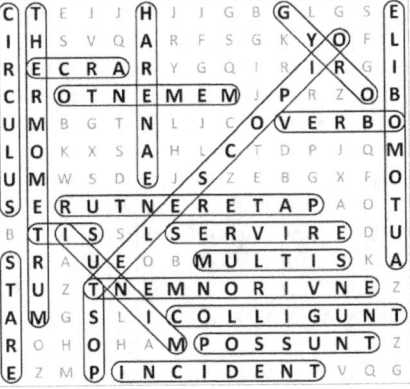

Puzzle 64

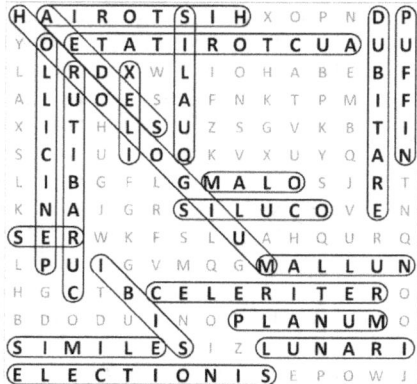

Puzzle 65

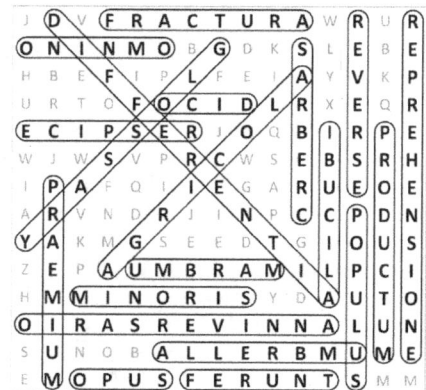

Puzzle 66

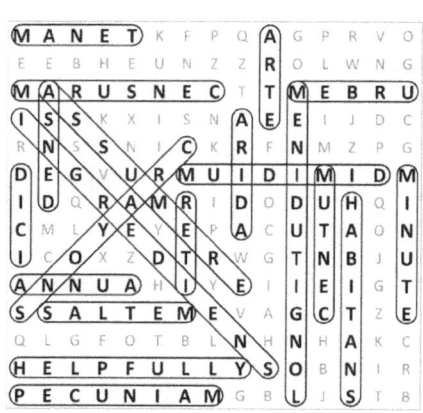

Puzzle 67

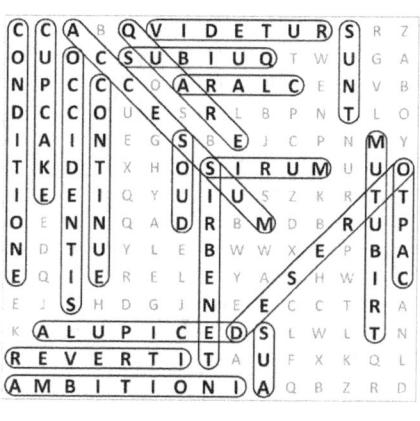

Puzzle 68

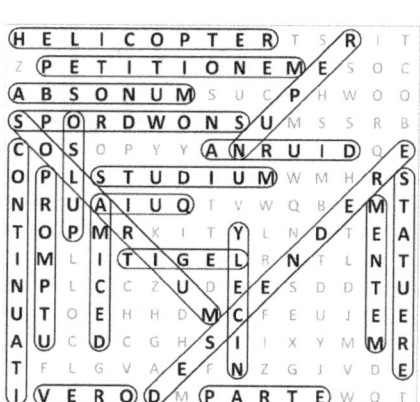

Puzzle 69

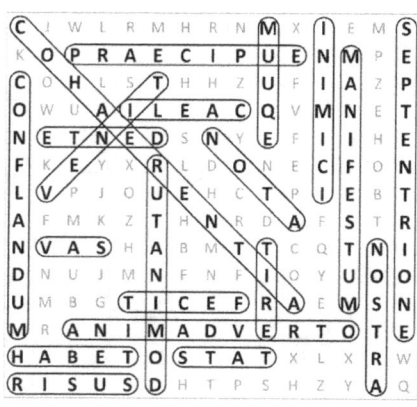

Puzzle 70

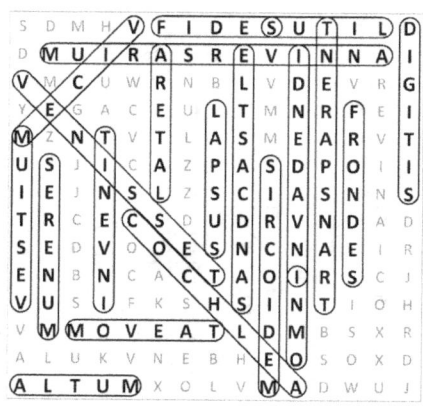

Puzzle 71

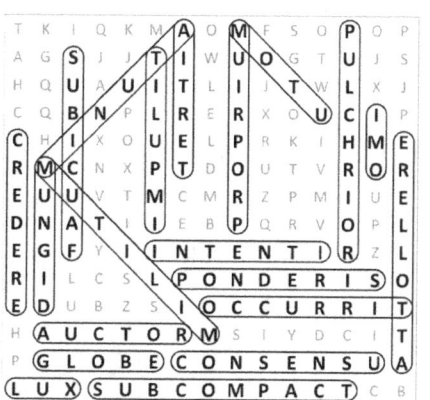

Puzzle 72

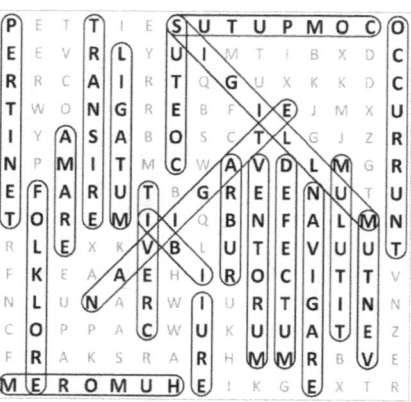

Puzzle 73

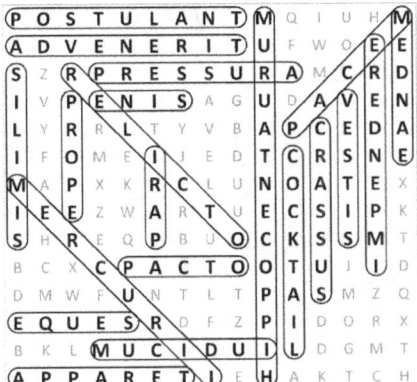

Puzzle 74

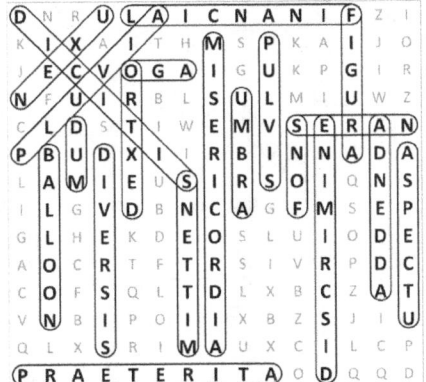

Puzzle 75

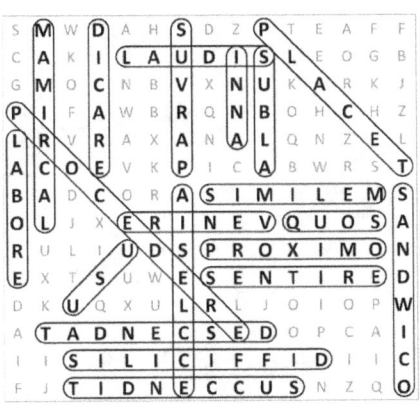

Puzzle 76

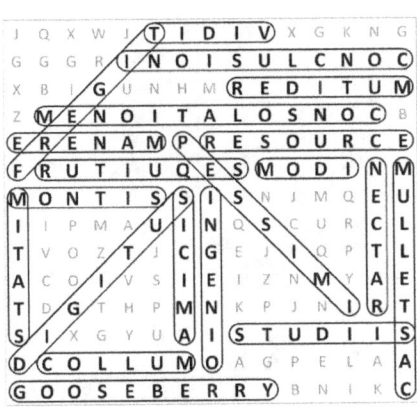

Puzzle 77

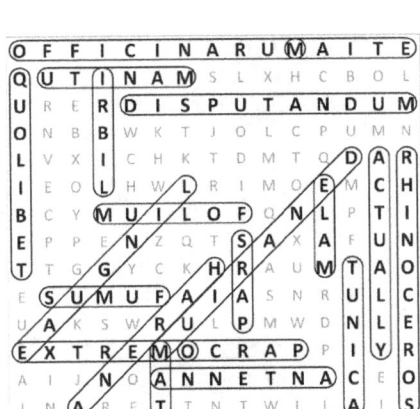

Puzzle 78

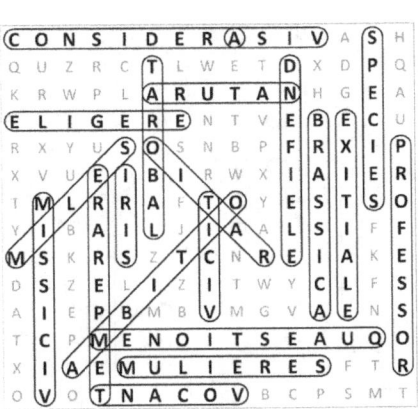

Puzzle 79

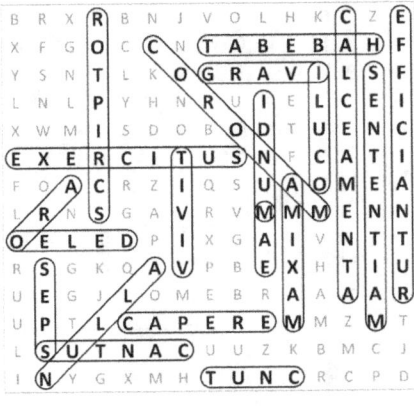

Puzzle 80

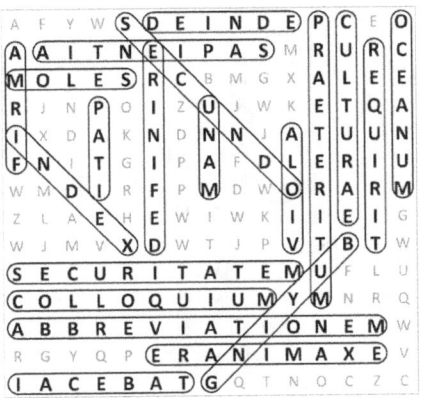

Puzzle 81

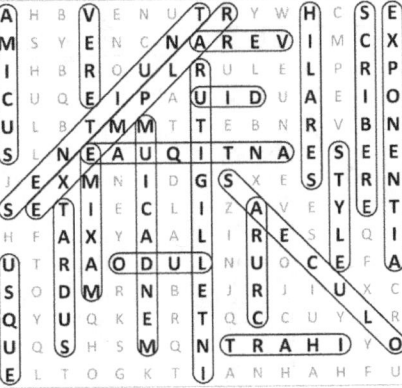

Puzzle 82

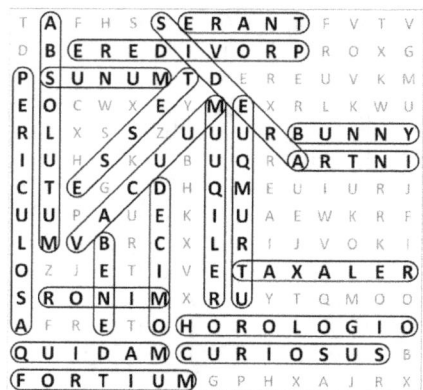

Puzzle 83

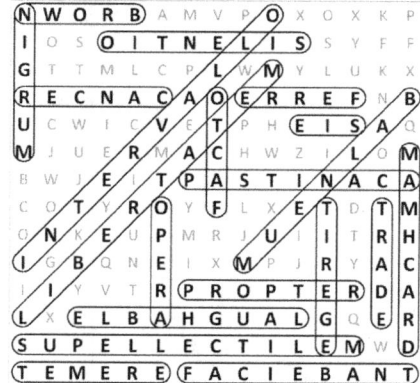

Puzzle 84

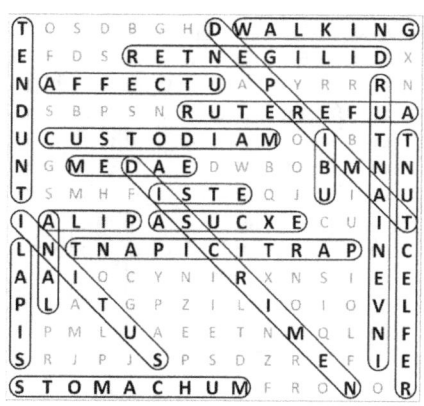

Puzzle 85

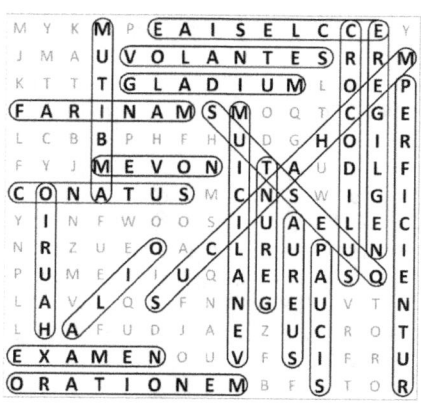

Puzzle 86

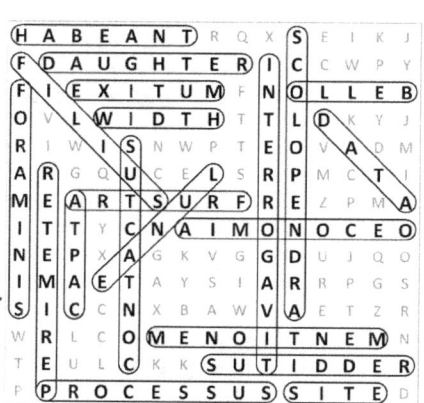

Puzzle 87

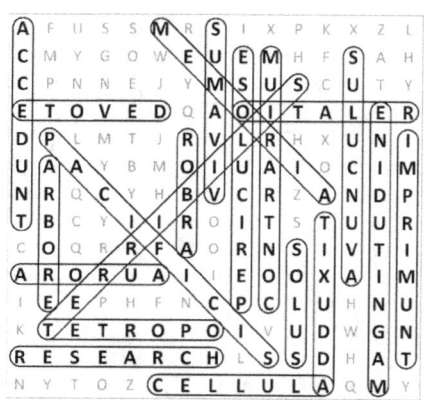

Puzzle 88

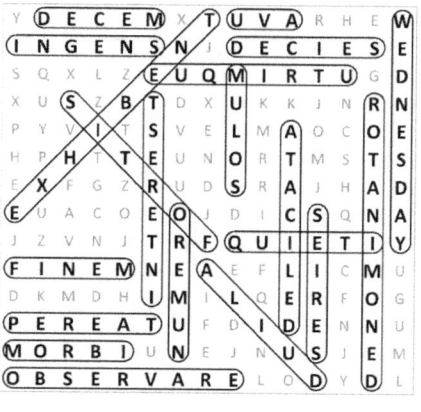

Puzzle 89

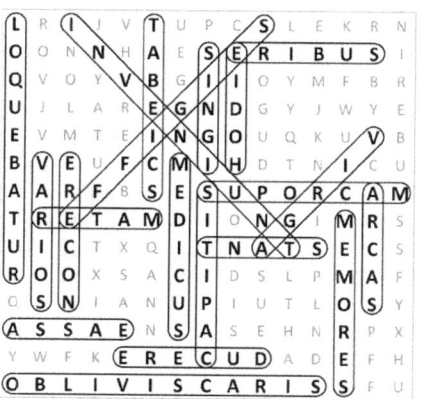

Puzzle 90

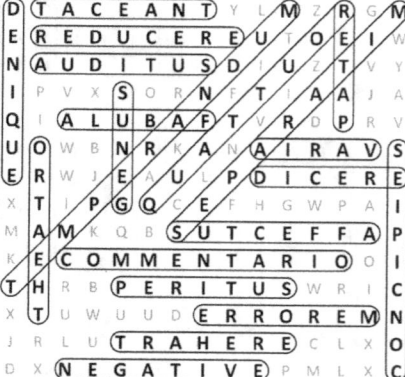

Puzzle 91

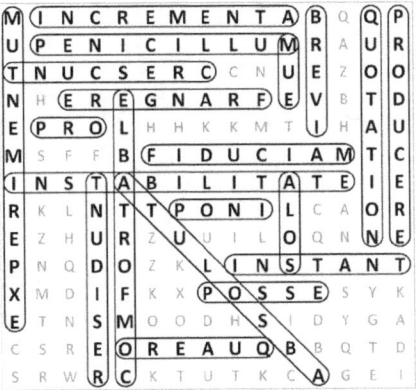

Puzzle 92

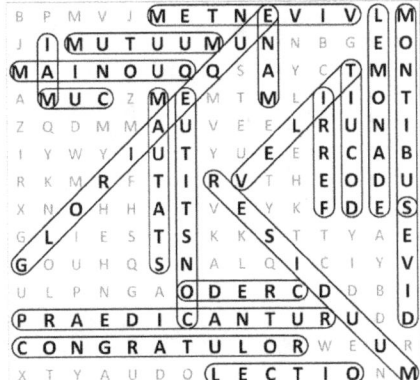

Puzzle 93

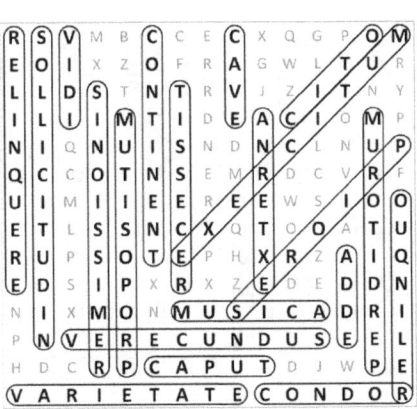

Puzzle 94

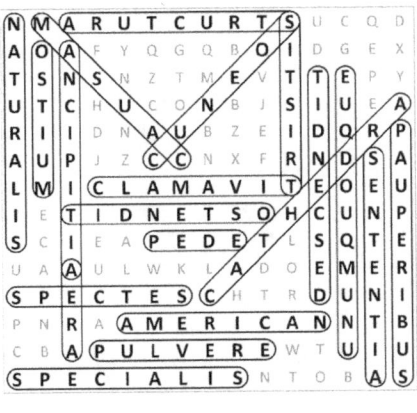

Puzzle 95

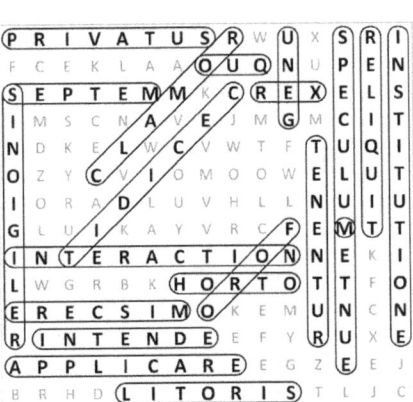

Puzzle 96

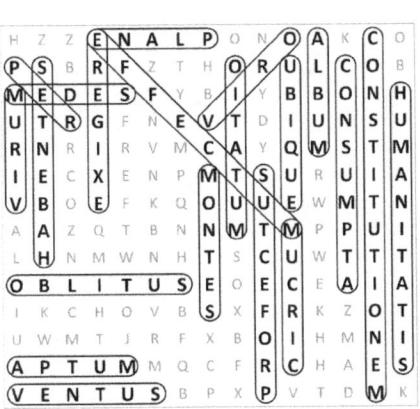

Puzzle 97

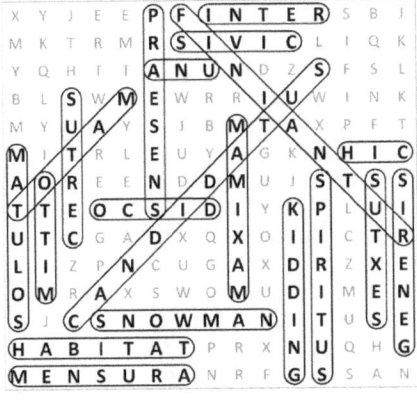

Puzzle 98

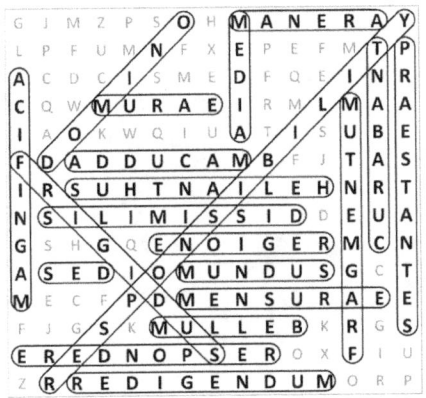

Puzzle 99

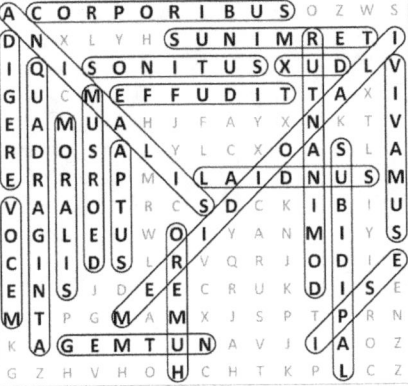

Puzzle 100

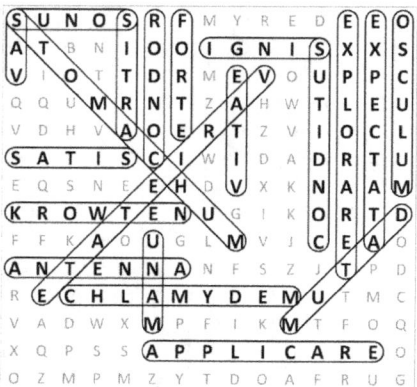

Congratulations

You made it!

We hope you enjoyed this book as much as we enjoyed making it. We do our best to make high quality games.

These puzzles are designed in a clever way to actively spark the brain and make it sharp and quick!
Did you love them?

A Simple Request

Our books exist thanks to the reviews you post on Amazon. Could you help us by leaving a review now?

Here is a short link which will take you to your Amazon orders review page.

BestBooksActivity.com/Review50

MONSTER CHALLENGE!

Challenge #1

Ready for Your Bonus Game? We use them all the time but they are not so easy to find. Here are **Synonyms**!

Note 5 words you discovered in each of the Puzzles noted below (#21, #36, #76) and try to find 2 synonyms for each word.

Note 5 Words from *Puzzle 21*

Words	Synonym 1	Synonym 2

Note 5 Words from *Puzzle 36*

Words	Synonym 1	Synonym 2

Note 5 Words from *Puzzle 76*

Words	Synonym 1	Synonym 2

Challenge #2

Now that you are warmed-up, note 5 words you discovered in each Puzzle noted below (#9, #17, #25) and try to find 2 antonyms for each word. How many lines can you do in 20 minutes?

Note 5 Words from *Puzzle 9*

Words	Antonym 1	Antonym 2

Note 5 Words from *Puzzle 17*

Words	Antonym 1	Antonym 2

Note 5 Words from *Puzzle 25*

Words	Antonym 1	Antonym 2

Challenge #3

Wonderful, this monster challenge is nothing to you!

Ready for the last one? Choose your 10 favorite words discovered in any of the Puzzles and note them below.

1.	6.
2.	7.
3.	8.
4.	9.
5.	10.

Now, using these words and within a maximum of six sentences, your challenge is to compose a text about a person, animal or place that you love!

Tip: You can use the last blank page of this book as a draft!

Your Writing:

Explore a Unique Store
Set Up **FOR YOU!**

BestActivityBooks.com/TheStore

Designed for **Entertainment**!

Light Up Your Brain With Unique **Gift Ideas**.

Access **Surprising** And **Essential Supplies!**

CHECK OUT OUR MONTHLY SELECTION NOW!

- Expertly Crafted Products -

NOTEBOOK:

SEE YOU SOON!

Delta Classics Team

BESTACTIVITYBOOKS.COM/FREEGAMES